U0137347

世间再无张居正

清秋子 著

④

九千岁梦灭

河南文艺出版社
·郑州·

目 录

1

一举拔除东林两大桥头堡

宦海沉浮四十年的叶阁老被迫去位，东林党的前沿阵地，一下就暴露于外。东林党方面的领军人物，都是激切耿直之人，只顾前行，不屑于委蛇。而在阉党方面，则视东林党为砧上鱼肉，正虎视眈眈准备一网打尽。

彼时稍有头脑的人，都能感受到山雨欲来的不祥气息。

黄尊素曾经暗示过杨涟等人：应早做计议，最好是主动请归，避开朝中这块是非之地，免得首当其冲。而且，主动离开也是向对方示以缓和、转圜之意，或许可以减弱阉党下一步的攻势，致使阉党找不到兴大狱的理由。

这个建议堪称明智，人家看你碍眼，你让开就是了。依惯例，人不在朝中，被追究的可能性和酷烈程度要小得多，很有可能避开风险。

强势人物走了，战火爆发的可能性也就会大大降低。如今双方力量的强弱已易位，东林这一边，只有维持不战的局面才是上策。

再说东林风头人物一走，阉党方面也许真的会认为余皆不足为虑，从而暂停铁血手腕也未可知。

叶阁老的失误就在于：他既然是个温和派，就应该始终起到缓冲的作用，而不应对未来的名声抱有幻想。但这位阁老太想捞取名声了，他采取的是骑墙态度——阉党胜，他是东林唯一的保护人；阉党败，他也有参与倒魏之功。这种投机态度，太过明显。

他建议将魏忠贤放归的那道奏疏，就是在这种投机心理下写出的。结果，阉党一眼看穿了他的用意，再不相信有所谓"温和派"。

很可惜，黄尊素的上述建议，未被杨涟接受。杨涟是个讲原则而不屑自保的人，他认为，既为顾命之臣，就不可为苟全性命而远离庙堂，否则就是辜负了先帝的重托。

像杨涟这样为原则而奋不顾身，于这些人物自己是悲剧，于整个民族却是幸事。

欲以软弱换来幸福，那是从来就没有实现过的事。

因此，杨涟的固执，可以理解。

他早就铁了心，决意以一人之悲剧，换得士林与天下的正气当道。

天启四年（1624）七月，是一个奇异的历史转折点。如果不是叶向高走，而是魏忠贤走，那么两党成员后来的命运都不至于那么惨。

魏忠贤如果在这时候走了，即便将来历史大掉头，遭受清算，也不致死罪。明朝历来的皇帝，对获罪的太监大都抱有一点儿温情——再不济，也是自己或父皇的老奴。网开一面，是有可能的。

但假设毕竟是假设，我们还是来看真实的场景。八月初一，都察院左都御史（总监察长）孙玮病故。他是科道之首，忠诚耿直，而且一向是东林党的盟友。

　　东林党也真是到了倒运的时候，越是前方吃紧，阵地越是出现缺口。

　　缺了人就要补，吏部尚书赵南星此时大权仍在握，按他的思维惯性，这个关键岗位还是要推东林大将。于是在他主持下，廷推左副都御史杨涟顶上。但是天启却不批，大概还在生着杨涟的气。众人无奈，便又推了南京都察院左都御史冯从吾，想着这回应该顺理成章了。

　　可是天启考虑，"大计"（外官考察）即将开始，还是从京官里推一个熟悉全面的人为好。

　　这时候京中哄传，魏忠贤有意把户部尚书李宗延推上来。东林众人闻听，决不让步，一致推举了东林元老高攀龙。

　　高攀龙当时的职务是刑部右侍郎，他对这个推荐甚感不妥。因为他和赵南星是师生关系，如果师生两个，一个掌吏部，一个掌言路，当道于朝，别人会有看法。

　　魏大中等人却劝他不要退缩，说："当今钻营之人多，你如何却要退后？你是廷推上来的，有何可惧？若皇上不批，我辈还要全体去廷争，当为天下争此一人！"

　　众人既劝，高攀龙也就不再推辞。八月初九，推荐奏疏送了上去，按例过三天才能批复，众人都忐忑不安，揣测皇上那里恐怕很难通过，魏忠贤也会出来挡路。哪知道，第二天就批了下来。

　　东林阵营欣喜若狂，好似冬月里忽然有了小阳春！仅有一两人心生疑惑，觉得这事情太不可解，怕不是什么好兆头。

高攀龙被顺利任命，原因何在？这真是千古谜团了，似乎魏家班底绝不会有这般疏忽。那就应该是天启自己的主张——"大计"还是用东林的人比较放心一些。

九月，高攀龙上任之后，果然就有了事。他正遇上巡按淮扬御史崔呈秀任满回京待考察。这个崔御史，在地方上贪污受贿，无人不知。高攀龙当然不能容忍，就叫李应升起草奏疏，要弹劾。

崔呈秀闻讯大惊，趁着夜色跑到李应升的寓所，长跪不起，请李大人好歹放他一马。

李应升面色如霜，冷冷地看着这个人表演，严词拒绝了。

九月十七日，由高攀龙署名的弹劾奏疏递上去了，崔呈秀也只好硬着头皮上了自辩疏。明朝的行政体制，揭发检举是都察院的职权，事情属实与否，则要吏部来核查，于是天启有批复，让吏部勘察。

赵南星心中有数：还勘察个甚！官员贪不贪，平头百姓都知道——披一袭官袍，堆一脸的恭顺，不过就唬了皇上您一个人。于是他立刻上疏，建议责以遣戍，让那家伙服苦役去吧。

天启看了吏部奏疏，知道这崔御史是个什么货色了，就下诏予以革职，责成淮扬地方官府查清贪污数目。

这下把崔呈秀胆都吓破了，走投无路之际决定投奔阉党。他穿戴上表示身份卑贱的青衣小帽，连夜跑到魏忠贤家投靠。一见魏公公，就叩头如捣蒜，声泪俱下！他哭诉道：东林党人高攀龙、赵南星挟私排挤，请魏公公千万给予保护，我愿永世做您老的干儿子。

魏忠贤转了转脑筋：这个崔御史，说他不贪，三岁小儿都不信，但是可以为我所用！于是老魏绽开笑脸，安慰了一番，当场收了这个高素质的"儿子"。

崔呈秀以前一心想加入东林党，人家不要，想不到现在投靠阉党不费吹灰之力，不由心生感激，立刻建言道："阿翁，不除去高攀龙、赵南星、杨涟等人，你我都不知会死在哪里，其余的人也没一个能站住脚！"

这个建言具有相当的战略眼光，一下就点醒了魏忠贤。魏在此前的剿灭行动，还带有很大的偶然性，在此之后，就明显有板有眼了——专挑关键的人物定点清除！

东林党，又给对方"贡献"了一名军师。

高攀龙与崔呈秀的冲突刚完，紧接着东林诸人又与阁臣魏广微起了冲突。

魏广微那时是阉党在内阁的内线之一。叶向高去后，内阁首辅由韩爌接任，韩虽然也是直臣，但分量上比叶向高要轻多了，魏广微大概也就有些放松，在一次宫廷活动中出了大纰漏。

十月初一，皇上照例在殿上向全国颁布次年的历法，群臣列班朝贺，魏广微却把这事给忘了，在家里睡大觉。颁完了历法，皇上又亲率群臣去太庙祭祖，叫作"时享"。时享是朝廷大典，四季之初和年终各举行一次，隆重之极。由皇上带领群臣向祖宗牌位供酒水，行大礼。

等到仪式接近尾声时，魏广微才睡眼惺忪地赶到，慌慌张张地挤进廷臣行列。

大家正在庄严行礼，一位阁臣却是这么个狼狈样儿，众人无不气愤!

典礼一完毕,负有纠察纪律之责的吏科给事中魏大中,就想上疏弹劾。黄尊素却担心此举会有连锁反应,劝阻道:"魏广微气量狭小,且极好脸面。如此攻他过急,恐生变,不妨搁置。"

魏大中不听,还是上了一本,痛斥魏广微身为执政近臣,倨傲不拜正朔(指大明历法),猖狂有如辽东建州女真和西南的叛贼。

魏广微去太庙祭祖迟到,严格说来,不过是个考勤的问题,跟人品关系不大,更谈不上政治立场。魏大中弹劾他一下也就罢了,但不该牵扯到奉不奉"正朔"的问题上。这种无限拔高的党争陋习,恐怕是一遇论战就帽子满天飞的早期渊源。

如此一激,魏广微当然要气得跳脚!

他立刻上疏自辩,同时四处展开活动。这家伙早就暗投了魏忠贤,内廷的宦官对他很买账。一时之间,不光阉党成员,就是宫中的一般内侍,也纷纷为他说好话。连客氏都亲自出马,向天启进了言,说魏大中这不是小题大做,要排挤人吗?

天启平时就很厌烦廷臣之间的纷争,见魏大中的话确实说得比较过头,就于十月初八下了一道敕谕,也就是告诫书。他总结了一下,说这种风气的原因是纪纲不肃,结党徇私,因此警告廷臣要反思,改弦易辙。

平心而论,天启这道谕旨说得不错,东林党方面是有这些问题。大臣一受攻击就引退,小臣依照亲疏评判人物,结果党争只能越来越激烈,于国事丝毫无补。

东林党人只强调品德、操守,对国计民生始终没能提出好意见，就更不要说采取什么惠民强国的措施了。天启对他们的弱点，也还是看得很准的。

当然，阉党方面问题就更严重，远非东林党的这些问题可比。但是天启并不知道，或者知道了也不以为意。

本来这个特谕，针对的并非一党，是对大家说的。可是在魏广微被劾之后颁布，就明显地带有袒护之意。天启就是再傻，也不能直接为魏广微迟到的事开脱，而这个特谕，恰是最冠冕堂皇的开脱。

皇上居然坐歪了屁股，连公然违礼都不究，东林方面当然有人不服！

压不住火的是都察院御史李应升，他于十月十一日上疏，对魏广微的自辩狠狠砸下一记重拳。

本来魏广微的自辩也还算讲得有点儿道理，一是说他自己"罪止失仪"，根本没有到不拜正朔的程度；二是说言官有风闻生事的恶习，让人不能自安。

然而东林的官员们，逻辑思辨都相当厉害，且又站在道德制高点上，所以砸起人来，势不可当，魏广微哪里是对手？

魏广微脸面全无，想和东林撕破脸皮吧，又觉得还没到时候。无奈之下，想起了李应升有个老师孙承宗，时为督师辽东的大学士。这个孙督师与自己既是同年又是同乡，也许会帮忙圆场。于是他立刻上疏，向天启提出：孙承宗督师辽东有功，皇上应给予特别恩典。

他拍孙大人这个马屁，是为换取支持。

他所考虑的这些因素都不错，而且孙大人也确实劳苦功高，但他就是忘记了一点：孙承宗也是个出了名的直臣，满腹文韬武略，又曾是天启幼年的老师，他怎么能吃这套？

有没有功，轮不到你来说！

孙承宗全不顾老乡、同年的情面，上疏予以驳斥，说魏广微这是居心不良，行钻营之术。

魏广微万没料到吃这一瘪，知道自己与东林党再无调和的余地，才公开投到魏忠贤门下。原来还仅是自称"宗弟"，现在索性降了一辈，自称"宗侄"了。

那边李应升的奏疏，当然是触犯了天启——刚发了特谕不要纷争，怎么又来聒噪？我尊重大臣，你又何必借故轻侮，还要引用《大明律》！那么今后大小各官，再有迟到的，是否皆应依律惩处？

客、魏在一旁，又假装气愤地撺掇。天启果然来了火，想动用廷杖。韩爌听到了消息，赶忙写了个折子递上去，劝住了，改为罚俸一年了事。

魏忠贤正准备杖死一个东林党祭旗，结果被韩爌给搅了，气得直翻眼睛。

又是你！

韩阁老，有一笔老账，咱们还没清呢。

杨涟上疏的时候，我四面楚歌，求到你，你不肯帮忙。现在我要打击东林党一个小小的御史，你倒这么起劲！

看来，内阁的石头还没有搬干净。你们这些东林同路人，是否也应该统统让路了？

怎么才能把韩阁老尽快赶走？

魏忠贤一发话，魏广微、崔呈秀马上建言献策。

几个人商量了一通，敲定了方案，决定拿东林方面推举谢应祥为山西巡抚一事开刀，向东林党主动出击，以期扫倒一片。

由此，"推举谢应祥"便酿成了一个事件。此事的起因，来自山西巡抚一职空缺，不少人都在四处钻营。吏部尚书赵南星也有耳闻，执意不肯给那些贪婪之徒以机会，而是推选了素来清廉的太常寺卿谢应祥。吏部文选司员外郎夏嘉遇等人，对谢应祥这个人选也极为赞同。

这位谢应祥，曾在魏大中的家乡浙江嘉善当过知县，魏大中应该算是他的学生。正是他二人的这层关系，被阉党抓住，要来做一点儿文章了。

魏广微找到自己的亲戚、御史陈九畴，唆使他上疏弹劾，说事成以后魏公公能给好处。陈九畴也是个躁进之徒，有这样的进身之阶在眼前，他岂能不上？

在陈九畴上疏之前，先由魏忠贤本人预热，在天启面前念叨，说杨涟、左光斗、魏大中等欺负陛下冲幼，结党擅权。若不把他们驱逐，则无以明皇威、统摄天下。

天启最忌讳的，就是人家说他是样子货。前年十月，翰林院编修文震孟上疏，不指名地纠弹魏忠贤。疏文里曾说皇帝诸事不理，上朝犹如傀儡登场，朝政全由魏忠贤摆布。

魏忠贤于是叫了一个傀儡戏班子入宫，为天启演了一场，把天启看得手舞足蹈。戏毕，魏忠贤就说："万岁爷，这就是傀儡登场呀!"天启这才回过味来，气晕了，下诏把文震孟廷杖八十。

经过魏忠贤的忽悠，天启越发觉得，东林诸臣根本就没把自己放在眼里，心里自然有气。陈九畴的弹劾疏，就趁这个机会递了上去。他诬称谢应祥老迈昏庸，难当大任，是魏大中为了照顾老师，嘱托吏部文选郎夏嘉遇出面推举的。

这完全是无中生有的事。魏大中、夏嘉遇当然不服，上疏抗辩。双方打起了口水仗。

天启又感到头疼，把双方的奏疏发到院、部，让廷臣开会讨论。讨论的结果，当然断定陈九畴是乱说，因为这个推举是赵南星所为，与魏大中、夏嘉遇毫无干系。魏、夏二人，都是正人君子，陈九畴造谣，竟然完全不看对象！

院、部的意见，倒还公允，没有掺杂党争情绪。主要是陈九畴的这个诬告，实在太离谱了，谁来查，也是这么回事。

但是天启不信。魏忠贤先前已给他灌了太多的先入之见，臣属越是照实说，做皇上的越疑心这是结党。所以，从正常渠道呈上来奏疏，还抵不上近侍在皇帝耳边的几句悄悄话。

为什么总是亲小人而远贤臣？为什么老是把股肱大臣视为仇寇？为什么专以打击直臣为乐趣？天启身上这些谜团，难以解释。

他打击人才、猜忌下属的心理，跟小孩子毁坏玩具，可能属于同一个类型。

——我的东西，我有权处置！

十月十三日，天启又开始耍性子了，对院、部的调查发了中旨，痛斥魏大中"欺朕冲幼，把持会推"，不该把封疆大吏的职务作为向老师报恩的礼物。接着又责备夏嘉遇和陈九畴互相攻击，不成体统。罚这三人各降三级，调外任。又谴责院、部大臣偏袒一方，是"朋谋结党，淆乱国是"，给了个重重的警告。

这顿申斥，把阉党的陈九畴也算在内。不过陈九畴心里有数，他这次自杀式的攻击，见了效，为阉党立了大功，魏忠贤很快就会把他召回。

魏大中、夏嘉遇二人，一个是吏科的主官（都给事中），一个是吏部文选司的主官（员外郎），占据的都是人事部门的要津，就这样被阉党撵走了。

天启的中旨，还责备了都察院和吏部。按照惯例，院、部头头也须自请处分或辞职，如果老着脸皮不表态的话，会被人讥为贪权恋栈。于是，吏部赵南星上疏请辞，在都察院新上任不久的高攀龙也上疏自劾。

天启不留情面，不经内阁票拟，直接发出中旨，令两人罢官回籍。一个人事主官，俗称"太宰"，一个监察部长，俗称"总宪"，在明代，是比一般阁臣位置还要高的顶级文官。因一件不相干的事，一日就免去两大臣，也是罕见的。

内阁的韩爌、朱国桢大惊失色，觉得这玩笑开大了，急忙上疏论救，天启没答应，连平常高官回乡可以坐驿车的优待也不给。

天启在谕旨里，数次提到了"植党"字样，显见得已经对垄断朝政四年的东林党，产生了深深的疑虑。

潜意识里，也许他在这样想：你们可能是没罪，但你们势力太大了，威望太高了，我不能容忍身边有这样一股异己力量。

其实在他身边更近的地方，一个庞大的、可以控制他意志的阉党，已然坐大，他却丝毫感觉不到威胁。这是为什么？

因为他看见的，只是小人物的谦卑，是朝夕相处的和谐——唯唯诺诺的人，怎么可能有威胁？

小人之胜，在于谄笑；君子之败，在于孤傲。

事情就这么简单。

赵南星、高攀龙走了，这意味着："众正盈朝"的总舵走了，东林党的精神领袖也走了。

阉党大获全胜，全体弹冠相庆！

——皇帝真成了俺们的傀儡，跟东林党算总账的日子，也就到了。

第二章

京城盛传孙阁老已提兵逼近

阉党至此心想事成，攻无不克，在现实的层面上，已俨然成为一大势力。在过去，阉党的名声不大好。它的首领，终究是阉人，廷臣中的势利之徒想要攀附，总免不了鬼鬼祟祟。如今，他们算是可以正式告别崇高，扬眉吐气地加入阉党了。

但是，吾国吾民讲究名正言顺，干什么事儿，还是希望有个好名声，没有好名声，便多少有些扭捏。阉党谋士在欢庆之余，都想到了这一点。于是顾秉谦、魏广微两人一商议，凑了一篇特谕的草稿出来，以皇帝的名义为阉党正名，再给东林党扣一顶污名帽子。

——舆论要是不造好，就是胜了，也觉少点什么。

两人所想的具有超前性，魏忠贤听他们念了草稿的内容，大为赞赏，连忙叫人誊好，呈报天启。

天启对东林党正憋着火，一听，就准了。

这个特谕，等于皇帝给两派做的结论，直斥东林一派，一通连珠炮，把东林的形象轰了个一塌糊涂。

什么叫指鹿为马？

什么叫欲加之罪，何患无辞？

这就是！黑变为白，清指为浊，忠诬为奸，把本应是阉党头上的帽子摘下来，还掷东林。

谁是罪人？谁是志士？全给你反着来。

有了权力，逻辑还有什么用？

这道特谕，对东林尚留在位置上的人也下了警告，说是假如再不老实，不改过自新，朕就要动用祖宗之法了，决不姑息！

圣旨一下，众人瞠目。蛮不讲理到这个程度，还有什么可说？

东林阵营这次，保持了异乎寻常的沉默。只有一个小人物——给事中许誉卿，豁出性命了，顶风上奏，为赵南星和高攀龙鸣不平，说他们是"老成之人"，是"岁寒松柏"，就这样遽尔去国，今后谁还敢讲话，天下之事深可虑矣！

他的话，说得不是很激烈，本人的身份也不高，因此天启只降了他三级外调，没动用祖宗家法，还算是侥幸。

千人诺诺，唯一士谔谔。

——到了人人都不敢说话的时候，问题就大了。

今人有评论说，东林党此次不再力争，是因为丧失了以往的勇气。其实不然，这次他们倒好像是经过协调一样，不再做无谓牺牲。这个"皇帝宣言"之后紧跟着要来的是什么，他们有预感。

但是，这个沉默来得太迟了。在早前还可以与阉党较量一番时，如果东林党保持如此的沉默，对魏忠贤来说，就是可怕的寂静，他必会因胆虚而缩手缩脚。如此，两边再相持几年，魏忠贤的好运也就到头了，东林一派不会有太大的损失。

另外，当杨涟一旦爆发，东林党全体就应该一起跟上，万炮齐发，即使像嘉靖年间"左顺门事件"百人集体被杖那样，也在所不辞。无论天启，还是魏忠贤，都没有能顶得住这种阵势的心理素质，他们必会退让，最后由亲东林党的第三方势力出来转圜，达到新的平衡。如此，再挨上几年，魏忠贤就会走到末路。

可惜，东林党跟魏忠贤的缠斗，多没有章法，只是单打独斗。对方一反击，当道枢要的东林党大臣就挂冠而去，自动撤出阵地。

一战如此，再战还是如此，魏忠贤也就把东林看扁了——技止此耳！

当然，东林党的策略虽有失误，但气节始终不减，在沉默中，仍以行动来抵制天启的高压。

赵南星、高攀龙两位大员去后，院、部两家分别奏报，拟以副职陈于廷、杨涟为代理主官。天启一看：这怎么成啊，又是两个东林党！赶跑还来不及呢，岂能让你们继续占位置？于是将奏疏压下不发，令各衙门会推。

会推由吏部副职陈于廷主持，按资历，推上了乔允升等数人候选。天启觉得这批人的名字不大熟，一问魏忠贤，才知道还是东林党！

皇帝终于发火了，下旨严责，不问青红皂白，再次对东林党施以打击。他认为，此次会推，推上来的还是赵南星拟用的私人，显然是陈于廷、杨涟、左光斗三人钳制众正，抗旨徇私。

天启的火发得不小，直呼陈于廷等三人为"三凶"，还特别咬定了杨涟、左光斗为幕后主使，圣旨里连"怙恶不悛""巨猾老奸""冥顽无耻"这样的咒骂之语都用上了。

天启跟东林党彻底闹翻了，这是肯定的。如此严厉的圣旨，没有皇帝的批准，是发不下来的。但是其中用语竟这般咬牙切齿，似又是由阉党谋臣直接执笔而成。

什么叫"怙恶不悛"？就是近世"死不悔改"之意。

可怜东林党人自万历以来，承受了巨大压力，苦苦护持天启父子坐稳了皇位，最终却落得如此的评价。

天启光骂了还不解恨，索性一勺烩，说这三个人"大不敬，无人臣礼"，着令统统革职为民。

陈于廷、杨涟、左光斗接旨后，并无抗辩，都黯然而去。事已至此，辩又何益？

杨涟、左光斗的不抵抗，大概在于寒心。移宫案之时，两人曾将生死置之度外，保住了这个小皇帝的独立。而今时势变易，功臣没有用了，不仅要一脚踢开，还要恶语相加来侮辱。

皇帝家的事，你为他呕心沥血也没用。他看重的，不是忠直，而是讨喜。

东林要员曾显赫一时，想不到这么快就清扫干净了，魏忠贤喜不自禁。余下最碍眼的，就是内阁首辅韩爌了。

顾秉谦、魏广微也早就嘀咕过几回：老韩这块石头，还是早搬开为好。

但是这位阁老与东林党并无瓜葛，要拿下他，需要另谋他途，魏忠贤对此心中有数。他对王体乾和客氏等魏家班底授以秘计，大家就纷纷到天启那里去吹风。

用不了几次，天启就着道了，下诏说：韩阁老票拟多失当，今后要集思广益，其他阁员也不能没主意，要积极参与朝政。

阉党这些人很懂得——所有的勾当，都要有个冠冕堂皇的说法，即使是抢东西，也要抢得名正言顺！

让其他阁臣分掌首辅之权，是大明开国以来，闻所未闻的制度变更。分权的理由，固然说得堂皇，但好看的皮儿里边，也有各种各样的馅儿。

韩阁老一眼就看穿这把戏：不就是想撵我走吗？

他不党不私，未有过失，根本就不买皇帝的账。一天也不等，立刻就上疏请辞，不仅不认错，话里话外，还对天启来了一通挖苦。

他说："臣以简陋之才，在内阁尸位素餐。譬如，整军应以营伍为先，而内操却屡演于宫禁之内，显是臣不能解皇上操劳之忧。又譬如，忠直之臣应召回朝中，但廷杖却屡施于殿堂之下，显是臣不能解皇上雷霆之怒。臣无能，以至众官先后被黜，中旨径出，不由票拟，朝政为之大变。皇上意在整肃朝纲，内外却认为是兴起党祸，臣不能预先深思，临事又不能阻止，此为臣罪之大且著者。请罢臣官，再治臣罪，以作为辅臣渎职之戒。"

天启原也猜测韩爌可能会撂挑子，但没想到，老家伙竟然敢嬉笑怒骂！于是下诏：要走你就走吧。

大明惯例，首辅辞官告退，皇帝要给予一系列的恩赏，比方加官、荫子等一大堆。但天启也耍开了牛脾气，除了可乘坐驿车之外，啥恩宠也不给了。

这是一个老问题：魏徵之才常有，唐太宗不常有。摊上天启这样的皇帝，你就是把谋略书翻烂了也没用。

韩爌柄政仅仅四个月，就这么一甩袖子走了，但他公然讥讽皇权，这事哪能就这么了结？回家后不久，果然又被削籍，公职待遇全被剥夺。

魏忠贤，终于得报当初一箭之仇！

至此，他还不肯罢手，对内阁最后的一个异己、老好人朱国桢也不放过。韩阁老一走，内阁票拟，执笔的只有继任首辅朱国桢一人。天启在魏忠贤鼓动下，却还要下令分权，目的就在逼朱国桢。即使这样，朱国桢也不在乎，分就分吧，他不动气。

不在乎也不行，顾秉谦、魏广微又唆使人，弹劾新首辅。

朱国桢这才知道，不能再恋栈了，得赶紧走。他连辞三回，终于允了。因为他确实不是东林党的人，又走得及时，所以什么恩赏都得到了。他走后，魏忠贤对他有个评价："这老儿也是个邪人，但没做什么恶事，所以给他优待。"

内阁里原来还有一个亲东林的何宗彦，已于年初病逝。这样，顾秉谦就自然替补为首辅。

此时是天启四年（1624）十一月初，从六月初杨涟上疏起，双方酣战五个月，至此尘埃落定！

外廷中，当路要津的东林党大臣一扫而空，一场不动刀兵的政变宣告完成。魏忠贤的权势，已从内廷伸展到外廷，牢牢控制了阁权。

——连内阁也姓魏啦！

大明朝的政治中枢，阉党势力如水银泻地，正人离京若枯叶纷纷飘落。

天地惨变，万木萧索。有识之士无不忧心，宵小奸佞却是欢欣雀跃。

可是，就在此时，阉党的一场危机也突然降临。这天，魏广微失魂落魄地跑到魏忠贤私宅，密报说："督师辽东的孙承宗，提山海关兵数万，正驰往京师，声言要清君侧。孙阁老一到，公公，您可就立成齑粉了！"

啊？魏忠贤心一沉，脸都变白了。

风从何来？祸起何端？

这就要说到这个大名鼎鼎的孙承宗了。

孙承宗，字稚绳，号恺阳，北直隶保定高阳（今河北省高阳县）人。他年轻时就乐谈兵事，多智谋。在边境一带教书时，曾仗剑游塞下，结纳豪杰与戍将、老卒，遍访要害关隘。与人相处，解裘马换酒，高歌酣饮，由此通晓厉情，熟知边事。

万历三十二年（1604），这位雄才大略的读书郎，中了进士，任翰林院编修。天启元年（1621），以左庶子充日讲官，也就是当了皇帝的老师。

孙承宗为人清正，敢于任事，讲课的效果也极佳，天启对他极尊重，每次听完讲，总要感叹："开窍了，开窍了！"

天启即位不久，沈阳、辽阳就相继失陷，辽东形势危若累卵。孙承宗因以文臣而知兵，遂被任命为兵部尚书、东阁大学士，是阁臣之一。他上任后，上疏条陈当时兵备弊端，深为天启嘉许。

天启二年（1622），孙承宗前往山海关视察，力排众议，支持袁崇焕主张的坚守宁远、积极防御的意见，反对退守山海关。宁远位于辽西走廊中部，守住了宁远，也就是扼住了辽西的咽喉，能确保身后二百里外的山海关无事。

此后，经过数年的经营，辽东终于建成了一道宁（远）锦

（州）防线，坚不可摧，后金骑兵撞破了头也不得逾越。从努尔哈赤到皇太极，均望宁远而止步。这个决策，不仅保住了天启一朝的平安，就是崇祯一朝也得益颇多。

天启二年（1622）八月，孙承宗出任辽东经略。当时，山海关外有明军七万，毫无纪律，冒饷甚多。孙承宗到任后，举行大阅，淘汰了临敌而逃的将领数百人，又遣还河南、真定的疲兵万余名。随后定兵制，立营房，以三千人为一营，将帅以营为部署，兵不离将，将不离帅。继而修筑关城，安置大炮，辽东明军实力由此大盛！

修筑宁远城竣工以后，孙承宗调袁崇焕镇守，自己则坐镇山海关。即是说，明末威名赫赫的袁崇焕，此时还只是孙大帅的一员爱将。那时关外一派宴然，逃亡百姓纷纷回归，宁远一带商旅辐辏，流民云集，远近都以此为乐土。

随着宁远防卫的日渐巩固，明军防线也在不断扩张。天启五年（1625）夏，孙承宗遣将分据锦州、松山、杏山、石屯及大小凌河各城。这样，自宁远又向前推进二百里，从而形成以宁远为中心的宁锦防线。

《三朝野记》说，"自承宗出镇，关门息警，中朝宴然，不复以边事为虑矣"。万历末年的"辽事大坏"，变成了天启年间的"辽事大好"。

天启有福，终其一朝几乎不闻边警，就因用对了一个人。

魏忠贤当然知道孙阁老既有才，也有背景，所以颇为敬畏，曾数次想把孙大帅收归自己名下。但孙承宗为人正直，又在天启心目中极有分量，所以根本不理那一套。

孙承宗是个文武两手都很硬的人，于"文斗"方面的谋略，也在很多东林党人之上。天启对他，只有崇拜的份儿，几乎言听计从。若不是他常年督师在外，魏忠贤怕也翻不起这么大的浪来。

由于孙承宗常年在辽东，所以两派在内阁争权时，谁都没把他算一个。

可是，孙阁老却没有忽略朝中斗争。眼看正直之士一个个被清除，大明的天已经塌了大半，他坐不住了，决心以自己的威望，全力一击，把这个阉竖魏忠贤打下去！

孙承宗的这一想法，有很大的可行性。可惜这个念头动得太晚了。此时，朝中已无一个正直之臣能给他以应援。

如果他提前半年下此决心，情况可能完全不同。

如今东林党人的喉咙已被扼住，能够跃起一搏并有效的，只有他自己了。

孙阁老早看得清楚，东林党人的攻击手法太陈腐，只知道上疏弹劾魏忠贤。难道他们不知道，所有的奏疏在第一时间都会落到阉党手里？

所以他考虑：根本不能露一丝痕迹，要迅雷不及掩耳直接"面圣"。他相信，以自己的威望和谋略，肯定能说动皇上，起码能让天启疏远魏忠贤。

但要做到这一点，现在也很不容易了。天启已被阉党铁桶般围住，像自己这样一个与阉党不合流的人，如何能够毫无阻碍地靠近皇上？

这个机会，他想，就在十一月中旬，皇上的生日。假如以贺寿为名，面陈朝政，那是最好不过的。

并且这个图谋，绝不能让阉党察觉一丝一毫。

于是，他在十一月初巡防来到蓟镇，这地方离京师只有几十里。他含含糊糊地写了一份奏疏，派人送进宫，只说是：三年未睹天颜，如今巡防到此，离京仅有数十里，很想在皇上万寿之日，跟众臣一起看看您！

他还报请了日程计划，即十二日入都门，十三日早朝面君，十四日随内阁大臣贺寿。然后另择日向皇上面奏军机，之后再和有关衙门会商一下军事。

他怕阉党起疑，还特别在奏疏里说，如今朝中事体纷纭，他本不该冒昧入京，但边防有未决之事需要请示，陛见之后，当速离京，以免外人猜疑。

话，说得滴水不漏！

但可能正是这"滴水不漏"，引起了魏忠贤的怀疑。魏忠贤此时的韬略，已不是三四年前那种不要命的水平了。他在想：这孙阁老，是有什么企图吧？于是，准不准孙承宗入京，数日间，魏忠贤在犹豫中。

他的爪牙在低处，看得就比较明白：魏公公是糊涂了吗？哪能放孙阁老进京呢？魏公公固然了不起，但他那韬略，恐怕还斗不过孙阁老吧？

可是这话，又不能当魏公公的面明说。于是大家会意，就到处放谣言，说孙阁老此次来，肯定有异动。

魏广微就是造谣者之一，他说：孙阁老和兵部侍郎李邦华，早就串通好，此次拥兵入京，将有大举（要魏公公您的脑袋）。

魏忠贤一听说"清君侧"，有如遭受电击，一下就明白了：

孙承宗来，毫无疑问就是做这事的！

这可怎么办？

在这个世界上，他老魏可以说谁都不怕，唯独就怕这个孙大帅！

——天启再糊涂，到此时也没把军权交给阉党的人。这说明，这个半傻的皇帝，还真是具备起码的君主素质：即便对最亲近的人，也留了一手。

魏忠贤知道大祸要临头了，要是过不去这道坎，以前的努力都等于白费了。他思前想后，觉得只有一个办法可行——

只有激怒皇帝，孙阁老才进不来京城。

他顾不得夜已深，赶忙跑去奏报皇上。天启此时已经归寝，魏忠贤硬把他叫醒，禀报时，还不忘把谣言修正了一下，使之更具有可信度："孙承宗率甲兵五千，离山海关向京师进发，内外合谋，欲清君侧！"

"唔？"天启一听，吃了一惊。

——老师能干这事？如何清？难道要拥兵把我废掉？

天启心里升起一股寒意，起身下了御床，绕着床踱步。越想越怕，心慌意乱之下，竟倒退着走起来。

魏忠贤见天启不仅没被激怒，看样子，好像被吓傻了。他顿时崩溃，也跟着皇帝绕着御床走，捶胸大哭道："万岁爷若放孙阁老进来，老奴活不成了！"

天启脑筋转了几个弯儿，以他对孙承宗的了解，兵变绝无可能。大帅不过就是想回来一趟，魏公公却被吓成这样，实在太可怜。

天启一念不忍，就发了话："拟旨，让孙阁老不要来了。"

天启根本不信孙承宗能造反，所以他自信一纸上谕，就能把孙阁老给挡住。

那边厢，顾秉谦早有准备，一道严旨已经拟好，命孙承宗马首速转向东，急还山海，待犁庭扫穴、失土尽复之日，再回京。

天启听了内容，点了头。阉党诸人犹如热锅上的蚂蚁，一刻也等不得，半夜三更打开大明门，宣兵部尚书入内，令他速发三彪飞骑，携旨分路拦截孙承宗。

魏忠贤此时也有了底气，亲赴齐化门，矫诏命令守门宦官："孙阁老敢入齐化门，便缚来杀了！"

北京城里，诸阉皆不能寐。尽管谣言是他们自己造的，但孙承宗近在咫尺可是真的，他们大气都不敢喘一口，只等天亮后的情况反馈。

孙承宗这天才走到通州，只见一彪飞骑迎头拦住，有兵部的官员就地宣旨。

孙承宗听完旨站起，心中叹道：这一回，又没斗过魏大珰！

他本来就无兵谏之意，知道此时的一举一动都很关键，万不能给魏阉留下任何有异谋的把柄。于是二话不说，拨马便回，直赴山海关而去。

走到半途，北京方面又有消息传来，说魏阉正在设计要杀掉他。

孙承宗心里更是不安，只有加急赶路，先回去再说。

可巧东厂有一个特务，混到孙承宗身边做随侍，负有监视之责。他为人较正直，对孙承宗相当佩服，于是就写了密信传回京中，说他亲见孙承宗只带了一个属员，未带一兵一卒。

魏忠贤得报，这才略略放下心来。

这一场虚惊使魏忠贤得了一个教训，那就是：军权不可不抓。此后，他就加紧过问太监监军的事。另一方面，心里也基本有了底：正人君子，技止此耳！

这个孙承宗，对明末历史的影响甚深，但不知为何名气却不显。

本书前面说过，万历四十三年（1615）发生梃击案时，张问达曾向孙承宗请教如何处置，孙承宗建议："不可不问，不可深问。"张问达按这个思路去办，既打击了郑贵妃的气焰，又给万历帝留了面子，没有使事态全面恶化，可说是一条万全之策。在万历帝死后，孙承宗又负责起草了神宗遗诏，彻底否定了万历期间的种种弊政，为泰昌和天启初年的新政造足了舆论，也是功不可没的一件事。

孙承宗这次欲回京劝谏，虽然只是个意图，但魏忠贤仍没放过他，后来又诬告他回京是图谋异动，好在天启还是未加理睬。

到了天启五年（1625）十月，魏忠贤终于找了个机会，借故进言，撺掇天启将孙承宗罢归，换了高第担任辽东经略。高第是一个纯粹的文臣，既不懂军事，也没打过仗。努尔哈赤听说孙承宗去职，即率八旗大军来攻。那高第畏敌如虎，下令撤去宁锦防线，关外官兵全部撤回山海关，岂料大军在撤退中，又演变为一场大溃逃。

孙阁老数年的心血，毁于一旦！

只有驻守在宁远的袁崇焕抗命不撤，与总兵满桂等人坚守宁远，终于一炮把努尔哈赤轰成了重伤，其退回到沈阳后身亡。

这件事，也应有孙大帅的一份功劳。

孙承宗回到家乡高阳后，专心著述，有《督师全书》《古今中官志》《高阳集》等著作传世。可是归乡的恬静，并没有持续多少年，他就迎来了极其惨烈的人生结局。

到崇祯二年（1629）秋，皇太极绕过关宁防线，进入明朝境内，京师告急。孙承宗临危受命，原官起用，负责护卫京师。于受命次日，不顾城外遍地敌军，率二十八骑冲出东便门，入通州御敌。

但崇祯皇帝是个俗人，对能臣的使用一般是过河拆桥。到崇祯四年（1631），孙承宗六十九岁时，再次被排挤回乡。

崇祯十一年（1638）十一月，清兵由大安口入关。多尔衮率兵绕过京城，向京畿以南的河北、山东一带攻掠，兵锋直指高阳。高阳知县雷觉民怕死，溜出城外，跑到北京避难去了。

紧急中，好友劝说孙承宗到保定或南方避难，孙承宗婉言谢绝。

兵临城下时，七十六岁高龄的孙承宗奋身而起，毅然带领全家四十余人抗敌，并动员全城百姓登城防守。城内民众为其所感，纷纷拆毁房屋，用檩条木柱做滚木，石础阶条做礌石，以盆罐壶瓶装火药，与围城的数万清兵作殊死之斗。

攻防战一直打了三天三夜，终因寡不敌众，高阳城被攻破。孙承宗子侄及孙十七人、全家共四十余口，全部壮烈殉国。孙承宗本人被俘，多尔衮曾亲自劝降，许以军师之尊，被孙承宗断然拒绝。后多尔衮又派孔有德说降，被孙承宗厉声骂退。

殉国之日，孙承宗端坐于椅子上，令两个清兵用白绫将自己勒死。其浩然正气，令多尔衮大为敬服。

据传，清人入主中原后，对孙承宗依然钦敬，在高阳县为孙承宗建了"孙家祠堂"，并立牌坊，镌刻"文官下轿、武官下马"字样，以示尊崇。

一代名臣这样的结局，实在令人唏嘘。

第三章

惨绝人寰的大清洗开始了

　　天启四年（1624）冬，周天寒彻，东林党最后的一线希望也破灭了。他们只能在一片寂静中，等待命运裁决。

　　杨涟等人被驱逐之后，魏忠贤顾盼得意，心情放松了不少。但是他的一伙朋党知道事情没那么简单。东林大臣被逐，只是暂时离开了庙堂，焉知什么时候天心回转，还会卷土重来。这样的事情，以前不是没有发生过。

　　恶人的喽啰，往往比恶人还要恶，这是喽啰们的固宠之道。这时便有人提醒魏忠贤："不杀杨涟，公公之祸不日将再起！"

　　这话说得对，但只对了一半——即使杀了杨涟，公公之祸也一样逃不掉！

　　然而魏忠贤品味此话，却觉得甚有道理，当下颇感不安，连忙与亲信诸人商议，如何能想个万全的法子，消除隐患。

　　讨论的结果，是定出了两项决策：其一，将东林官员尽可能地逐出，空出的位子由本伙人士补上，让朝中没有东林党复燃的余地；其二，兴起大狱，斩草除根！

自"三大案"以来，廷臣们对各次政治事件都有不同看法，即便是一派之内，也不尽一致。因此是不是东林党，有时不易分辨。

天启对东林党已厌恶之极，一度有逐尽东林方解恨的想法，但他深知甄别不易，就作罢了。

他高高在上，当然不知道详情，就连魏忠贤本人也说不清楚。

但是"小的们"却行。同僚之间的交往，不须深谈，一颦一笑，便知是不是同类。顾秉谦、魏广微就在这时，及时献上了《缙绅便览》和所谓"正人名单"，供魏忠贤逐斥东林党和提拔徒众做依据。

此后，各大小喽啰们又有黑名单陆续呈上，先后有崔呈秀献《天鉴录》《同志录》，王绍徽献《东林点将录》，沈演献《雷平录》，温体仁献《蝇蚋录》，阮大铖献《蝗蝻录》，沈演（或杨维垣）献《杂稗录》。这些黑名单，统称"七录"，供魏忠贤备用。

其中《东林点将录》最有特色（作者为何人，其说不一，以王绍徽的可能性最大），全部参照《水浒传》一百零八将的绰号、排序而写成。首列"天罡星"共有三十六人，其中有托塔天王李三才、及时雨叶向高、玉麒麟赵南星、浪子钱谦益、圣手书生文震孟等；次列"地煞星"七十二人，有神机军师顾大章、旱地忽律游士任等。

这些黑名单的原件，都由魏忠贤的男宠李朝钦保管。亲信团队王体乾等人，命手下人将名录抄在折子上，藏于袖中，每天看奏折时拿出来参照。

初时，阉党使用这些黑名单时，还颇为保密。人们不知内情，常常惊异于皇帝对东林党人的辨认竟然如此之准，似有天助。

大家开始还以为是东厂搞的勾当，后来阉党越来越猖獗，也就不屑于保密了，经常说："某人在某录上有名，故予以处分。"人们这才明白真相。

一次魏忠贤在得意之中，将《东林点将录》进呈给天启过目。但天启从小接受的是正统教育，没看过《水浒传》，劈头看到"托塔天王"四字，竟是大为不解。

魏忠贤赶忙给他讲了"晁盖隔溪移塔"的故事，并说："古有能移塔之人，本朝李三才善于蛊惑人心，能使人人归附他，此正与移塔相似。"

天启本是个好武之人，听了移塔故事，觉得回味无穷，忍不住鼓掌大叫道："勇哉！"

魏忠贤一听，知道弄拧了，赶忙把名录收起来。后又叮嘱众喽啰，不能再让皇上看到名录，只能偷偷用。

关于兴大狱的问题，阉党亲信团队倒是费了不少脑筋。他们想把杨涟、左光斗、魏大中、高攀龙、缪昌期这几个死硬派东林党人搞死，可是人家早已被罢官了。

明代按照惯例，官员犯错误，大不了就是革职为民，而且已经处理过了的，就没有理由再处理第二遍。要想把这些在野的家伙抓进来往死里整，须有两个罪名，一是贪污数额巨大，二是有谋反企图，于是阉党就朝着这两个方向使劲了。

首先考虑的是贪污问题，这个罪名比较好捏造，但是用来对付东林党人也不大容易。东林官员既然是以清高为标榜，个人私德上就很难挑出毛病。阉党首脑们把目标选了又选，最后定在了背景复杂的汪文言身上。

他们考虑，汪文言混迹官场多年，不可能没有请托行贿的勾当，这家伙又和东林诸大佬多有瓜葛，由他这里突破，再大面积地牵连，是最合适的。上一次没能治得了他，是因为朝中东林势力太大，现在不同了，没有人再敢为他说话。穷究下去的话，必有收获。

天启四年（1624）十二月，有御史梁梦环，遵照魏忠贤意图上了一疏，表面上是谈考察官员的事，语言却故意牵涉到汪文言。他的用意，就是要把汪文言重新拉进天启的视野。

天启果然注意到了这一点，便问了问身边几个太监。这之前，诸阉早都串通好了，异口同声说这个家伙罪不容诛，上回只挨了一百棍子，让他给溜掉了。

天启又被蒙住了，大怒，下诏说："汪文言花言巧语，迷惑视听，岂是廷杖能了事的？着锦衣卫差官扭解来京穷究，以清祸本！"

油滑如泥鳅的汪文言，这次是再也没有上天照顾了，逮捕他的诏令当即发出。等他进了诏狱，十八般刑具就在那儿等着他呢！

转年来到天启五年，阉党对东林党的大清洗，开始发动了。

一张"追缴赃私"的大网，缓缓撒下。网住了谁，就要让谁活不了！

正月里，属于阉党的左都御史乔应甲，开始发癫，连上十道疏论李三才、赵南星、高攀龙、孙玮、魏大中等人之罪，并指赋闲已久的"托塔天王"李三才，曾托汪文言拿钱买路，图谋起复。

大雪满幽燕。京师的凛冽寒风中，开始有了一股不祥之兆。

不过，乔应甲素以"癫狂"著称，这样的连珠炮，效果并不大。他不大明白天启的意思——整人，也须有个像样的借口。

二月初四，阉党方面终于甩出重磅炸弹。刚被魏忠贤起用不久的大理寺丞徐大化，精心撰写了一道奏疏，把左光斗、杨涟与熊廷弼、孙承宗、汪文言设法牵连在一起，要算一笔总账了！

这个徐大化，是浙江会稽人，性猾而贪，原为御史，万历末年因"不谨"在京察中被贬，经过钻营侥幸起复。后又因"奸贪"再次被贬，到了天启四年冬，才彻底靠上魏忠贤。

在魏忠贤的血腥镇压中，他出过大力，曾经推举过邵辅忠、姚宗文、陆卿荣、郭巩等十三人，为魏忠贤充当爪牙。

他擅长文墨，在杨涟上疏后，为助魏忠贤摆脱困境，建议要以皇上的名义，为魏公公正名，还亲自执笔，代内廷阉党起草了一道诏旨，以百余字的赞语，赞扬魏忠贤是何等德才兼备。叶向高看到诏书后，大惊道："此绝非阉人所写！"

这次他的讨东林檄文又是一篇"杰作"，其大意如下：

杨涟、左光斗勾结王安，逼李选侍移宫，使其仓皇出奔，先帝在天之灵必会不安。杨涟反而扬言于朝，自居其功，且结成邪党，使天下事皆出其手，以此谋取功名富贵。此外，国家不幸丧师失地，人臣正该秉公追究，彼辈却聚党营救熊廷弼，将执正议者排挤而去，实只知有贿赂而不知有法纪（把这帽子也甩给你们戴戴）。

汪文言不过一罪犯而已，何人受贿而保举他为中书舍人（叶阁老你也不要装无辜了）？他究竟有何通神役鬼之才，能昼夜出入于尚书、都宪、侍郎、科道之家，为人求官如探囊取物？

孙承宗身为手握重兵之辅臣，何以呼之即来，不奉召而至京畿？党人之力，至此极矣（岂不是要搞政变）！

幸今日群邪已退，众正渐登，但亦应小心，以防邪党暗中滋长。

——这奏疏，文字不多，却包藏祸心。几百字把万历以来的旧账统统厘清。里面开列的罪名，有逼宫、有卖官、有结党、有专权、有兵变，哪一条都够喝一壶的。

天启看罢徐大化的奇文，有如三伏天饮冰，甚为嘉许。他好像得了健忘症，当日老母被李选侍殴死、自己被李选侍胁迫的苦处全忘了，只觉得这奏疏把东林党批得好！

当然，他的健忘症还没到晚期，对叶向高、孙承宗还是不疑有他，并不追究。只是下诏说：欺君植党辈，盘踞要津，招权纳贿，杨涟、左光斗尤甚。待汪文言逮至，一并审明追赃！

独断者的最大好处就是，可以免去讲理的逻辑。杨涟、左光斗虽然卷入党争，但绝无贪污受贿劣迹，若走正常法律程序，这个罪名的帽子怕不易扣上，但是皇帝说有，那就是有！

一场血淋淋的大冤狱，看来就要从汪文言的嘴里撬开突破口了。

天启五年（1625）三月，事不出所料，有一股阴霾逼近。十二日，天启趁着听"经筵讲读"的机会，对陪读的内阁成员说："近来百官结党徇私，朕已分别处分了，你们再传与他们，以后改过自新，姑不深究。"

这是皇帝在向东林残余及中间势力打招呼，叫他们不要再乱说乱动。圣旨传达下去后，百官知道事态严重，同情东林或者不

33

愿附阉的，都更加沉默。部分经不起高压的中间派，开始撇清自己，明确投向了阉党。

三月十六日，汪文言被押解至京，天启按魏忠贤的意思，批了"拿送镇抚司，好生打着问"。明朝皇帝的这类指令，是很有讲究的。凡进了诏狱的犯人，分三等：情节一般的，批的是"打着问"；较重的，是"好生打着问"；情节非常严重的，要批"好生着实打着问"。其中用的力度大不一样。

锦衣卫的镇抚司，是专管诏狱的。之所以叫"诏狱"，就是以皇帝或部院作为原告，专门审理皇帝亲自下旨要查办的案子。

有了皇帝发话，掌镇抚司的阉党打手许显纯，顿觉有了底气，汪文言一进来，就给他上了大刑伺候。

诏狱的酷刑，无异于鬼门关。里面的十八套刑具，据内部人士讲：即一二可死，何待十八种尽用哉！

汪文言这人，倒还有些骨气，心知他自己被逮，是阉党要他攀扯出东林党同人来。他牙关一咬，就是不诬攀。但肉体怎抗得住铁木，受刑不过，他招了一点儿，说甘肃巡抚李若星，是花了五千两银才买得此一官职的。

供词报到了皇上那儿，那个倒霉的李若星，立刻被削职为民，抓了起来追赃。

魏忠贤眼巴巴地等着有大家伙牵出来，吩咐许显纯加大审讯力度。

许显纯受恩于魏公公，当然要拼死卖力以报恩，便直截了当地诱供，要汪牵出东林大佬来。但汪文言也不是吃素的，死也不肯再说了。

汪文言的外甥去探监，见他被打得遍体鳞伤，眼见得活不久了，不禁泪如雨下。

汪文言厉声喝止道："死，何足道哉！勿学小儿女状！"

许显纯无奈，就建议魏忠贤以移宫案为突破口，直接把杨涟、左光斗抓来算了。

徐大化却不同意，他说：移宫一事，无赃可言（有赃的是你魏公公），你凭什么杀人家？莫不如说他们受了熊廷弼的贿，则封疆事重，杀之就有据了！

魏忠贤觉得这主意好，就下了死命令，务必严刑逼迫汪文言，让他说出杨涟等人受过熊廷弼的贿。

顿时诏狱里又是一片忙乱，审讯行刑，昼夜不停。

施用的刑罚有多可怕？据亲眼所见者说，比较常用的有镣、棍、拶（zǎn）子、夹棍、械五种，都是专门夹、抽打、敲打手脚这些神经敏感部位的，把人折磨得生不如死，却又不能马上死掉。

此外还有脑箍、拦马棍、钉指、刷洗、油煎、灌毒药、站重枷等等，仅看字面就令人毛骨悚然！

古人折磨人，过于惨毒，就不详述了。

任你再是刚强铁汉，也吃不住劲！汪文言承受的压力超过了极限，躺在地上奄奄一息，说："我之口终不合你意，你想要我招供什么，我认就是。"

许显纯见有门儿，便扳着指头一个个数：东林党人某某，受贿多少、贪污多少。汪文言已濒临崩溃，许说一个，他应一声："是。"

说着说着，许显纯又按下一个手指头："杨涟……"

不等他说完，汪文言也不知道哪来的力气，猛然坐起，凄声大呼道："世上岂有贪赃的杨大洪（杨涟别号）！"

娘的，老子不认了！随后，他坚决否认了许显纯刚才的胡编，抵死不肯诬陷东林诸人。许显纯恼羞成怒，让人在汪文言身上再上一夹。汪只是咬住嘴巴，不吐一词。

许显纯束手无策，徒唤奈何！第一个骨头就啃不下来，这怎么交差？

他只好硬起头皮，编造了一套假供词，将赵南星、杨涟、左光斗、魏大中、缪昌期等二十余人牵进，分别加上罪名，说他们这批人逼李选侍移宫是为升官，整顿吏治是为揽权，为熊廷弼说情是为求贿。

三月二十九日，假供词报到了天启那里。按照惯例，镇抚司审理完毕，案件要交给刑部再审并定罪。

许显纯也按这个程序，报请将汪文言移送至刑部，他就算交差了——这个姓汪的，可是把人搞得筋疲力尽！

但魏忠贤比他想得远：要想全面剿灭东林党，从汪文言身上牵出的人越多越好，所以，这块骨头还得继续啃！

魏忠贤知道：自己蓄势几年，就在今朝一搏。他催促皇上赶紧下诏，把杨涟、左光斗、魏大中、袁化中、周朝瑞、顾大章六人逮捕到京。同时，他自己还亲临镇抚司坐镇，继续审问汪文言。

四月初，汪文言意识到许显纯已在编造假供词，知道关系重大，搞不好东林诸人要因此全军覆没，便对许显纯瞋目呼道："休得妄书，我就是死，也要与你面质！"

这句话，倒是提醒了许显纯。此案搞得这么大，免不了将来要在什么公开场合审理，如果出现对质的情况，他造假的事就会露马脚。到时候，责任都是他许显纯的，魏公公不会替他担。而且，连个汪文言都没制服，魏公公也会瞧扁了他。

许显纯想，反正假证词已经做出来了，总算牵出一批人来，不如就把汪文言打死，来个死无对证。拷掠致死，这是镇抚司常有的事，魏公公也不会因此而怪他。于是，没过几天，许显纯就安排人，把汪文言秘密害死了。

许显纯这么搞，是歪打正着。这么一来，在杨涟等人被逮捕到京后，就已无"首告"可以对质了。这个假案，也就可以办成铁案。

天启同意逮捕六人后，锦衣卫缇骑立刻离京四出，分赴杨涟等六人的家乡逮人。

这一批逮的六人，就是天启惨案中赫赫有名的"六君子"。

六君子在各自的家乡深得民望，缇骑到时，乡里一片骚动。

明朝的百姓，不太懂孔孟之道的基本原理，但是哪个官清白，哪个官无耻，还是分得清楚的。逮人的消息传到杨涟家乡后，郡县百姓大怮，有数千"勇士"拥入公署，欲砍断官旗，衙役们慌忙紧闭内院大门，方才得免。缇骑到达宣读圣旨之时，又有各乡数万百姓，会集城外，哄声响彻云天。

当日缇骑来抓杨涟时，杨涟正在家中奉母教子，整日闭门不出。一日，有家人来报，说应山（今湖北省广水市）县城来了缇骑，不知是为何事。

杨涟一听，心里明白了八九分：锦衣卫此来，必是抓自己无疑，于是，就请出八旬老母、五十多岁的老伴及三个儿子，向母亲从容说道："此番进京，断无生还之理。儿死不足惜，然养育之恩未报，九泉之下不得瞑目。儿死之后，望不必悲伤，知儿为国尽忠，虽死犹荣就是。"

八十老母闻言，泣不成声！

杨涟又叮嘱夫人，一定要替自己尽孝，伺候老母。他说："我九泉之下，当深感夫人大恩！"说罢，向夫人深深跪拜。

杨夫人大恸，连忙相向跪下，劝慰杨涟道："此去或许苍天有眼，可保全老爷性命。"

杨涟叹道："但愿如夫人所言！"

随后又叮嘱三子："为父官居三品，但未有积蓄，只传给你们'清白忠直'四个字。我死后，你辈自食其力，切勿鸡鸣狗盗，有损家声！"

此时，应山知县已经来到家门，请杨涟到驿馆去接旨。

驿馆外，围观百姓早已人山人海。堂前，香案已摆好，锦衣卫官员站立堂上，准备宣读诏旨和驾帖，校尉诸人手持械具，准备执行逮捕。

读旨毕，众校尉如狼似虎般扑上，将杨涟套上械具，拥入后堂。

围观百姓大哗，一拥而上！

校尉们心慌，连忙叫关上大门，驱散闲人。但百姓继续鼓噪，仍不散去。

驿馆内，府县两级的官员，慌忙凑了些银两，打点锦衣卫官员与校尉，请求把杨大人的械具放宽松一点。

那锦衣卫的官兵们骄悍惯了，众官凑起来的区区一点儿银子，他们不屑一顾。只说是魏公公有严令，谁也不敢徇私。府县官员无法，又叫杨涟的儿子赶快回家筹集。但杨家三个公子都是读书人，哪有现成的大把银子在手？只好向亲戚告贷，凑得几百两。锦衣卫还嫌少，声称还是要依法办事。

在场的有几位乡绅富户，实在看不过去，纷纷解囊，这才让锦衣卫的狗官们高抬了一下贵手。

从应山县城押解启程时，百姓们闻讯又围了上来，险些暴动。锦衣卫官员吓得脸色惨白，逼府县官员赶紧弹压。可是，民意哪里是几句话就能压下去的？

杨涟见事情至此，只有自己出头才行了，便向众乡亲说："如我拒不进京，就是违抗圣旨，不仅我全家有死罪，还要连累府县大人和乡亲。所以请乡亲暂回，待我进京面圣。"

众人喧哗道："如果真是圣旨，倒也罢了。这分明是魏阉矫诏害你，如何要去？"

杨涟答道："杨涟为官，上可对天地社稷，下可对黎民百姓，自信不犯王法，何惧面圣？若乡亲阻拦不能成行，岂不显得胆怯？各位不要误我！"

府县官员也在一旁劝说道："杨公刚正，进京后必能剖白冤情，不日将归。若因拦阻误了行期，岂不加重了杨公的罪过，反不为美？"

众人闻言，才勉强让开一条通道。

前面，杨涟的老母、妻儿早在路旁等候。见杨涟枷锁缠身，都一齐放声大哭！

杨老太哽咽几不能言，泣道："自幼教导你成人，只望你为国尽忠，却不料你做了忠臣，却要我白发人送你入狱。如此，当初就不该让你读书！儿啊，为娘害了你呀……”说罢，当场哭晕。

杨涟任是铁汉一条，此时也忍不住热泪滂沱！

待要硬起心肠上路时，三个儿子又苦苦牵衣不放，号啕不止，都要随父进京。

杨涟叹道：“覆巢之下，岂有完卵！你辈在家恐尚且不免，岂能随我去送死？”他随即向众人深鞠一躬，便昂然前行。

百姓号泣之声，顿时震天动地！

那几个铁石心肠的锦衣卫官校，在此气氛中，也不禁为之动容，早收起了虎狼之态，且不等百姓们再请，就主动把杨涟的械具又松了一松。

北上的一路，杨涟见处处有百姓扶老携幼，为他设香祈祷，不禁热泪盈眶：“天下至公者，民心也！”

路过开封府附近时，情况也是一样，前去送杨涟渡黄河的人络绎不绝。

此一去，风萧萧兮易水寒……

只恨那浩茫苍天，今日竟如聋如盲！

再说左光斗的遭遇，也很相似。缇骑到了他家乡桐城，他得知消息后，神色坦然，只是悄悄对一众子弟叹道：“父母老矣，如何道别？”

妻儿知道大难临头，都环绕在他身边哭泣。他似无所见，只是叮嘱平时跟随他学习的子弟，要以读书为善。

左光斗为人慷慨大度，乐善好施。本城的贫苦百姓，多有赖他接济才得以存活的。

百姓一听说缇骑要逮左大人，立时群情耸动，举邑若狂！民众在四个城门插上旗帜，相约要到京城去上告。还有数千"暴民"闻风而动，祭祀神灵之后，围住了押解队伍，攘臂要痛打缇骑。

左大人极力劝阻道："如此徒然给逆党提供口实，非但不能救我，反连累诸位同死，何益！"说罢，自上槛车而去。

从桐城到庐州（今安徽省合肥市）一路上，父老攀附马首号哭，声震原野。众人焚香求天，一路相送，直至黄河方回，连缇骑也为之感动下泪！

魏大中被逮时的情景，亦同样感天动地。四月初，汪文言被逮的消息传至浙江嘉善，正在家中的魏大中即知自不可免，便暗中做好准备，于四月十一日，为次子学濂完婚。十天后，缇骑到达郡中，魏大中才叫出家人，讲明了原委，叮嘱家人不必悲伤。

四月二十四日，缇骑来到乡里，将魏大中叫出，宣旨后逮捕。这一拨锦衣卫狗官也想乘人之危，敲诈一笔钱。他们以防自杀为名，把魏大中双手各套上一个竹筒，使其百事不能自理。大中家人苦苦哀求，均不允。大中之子学洢、学濂只得当尽家产，送上了银两，才得勉强去掉竹筒。

魏大中考上进士以前，是在乡间做塾师，其道德学问无人不晓。百姓们听说消息，都纷纷赶来送行，又募集银两，给大中作为路途之资。

北上路过苏州时，吏部员外郎周顺昌，愤于权阉当道而在家休假，他不顾众人劝阻，特地来到押解舟中，与魏大中相会。

虎狼当道，怕事者避之唯恐不及，却有周顺昌这样的好汉，敢向刀丛而行。他与魏大中见面后，相扶而哭，并把大中接到家中，款待三天，同卧同起。其间，周顺昌激励魏大中说："大丈夫视死如归，幸勿为儿女牵怀，使千秋之下，知有继杨继盛而起，乃魏某人，亦不负读书一场！"

押解官员多次催促启程，周顺昌怒道："你等不知世间有不畏死的男子吗？归去请告忠贤，我就是故吏部郎周顺昌也！"

说完此话，他攘臂叫着魏忠贤的名字，骂不绝口。

魏大中向周顺昌嘱托家中之事，周顺昌一口应承。魏大中最不放心的是孙子在今后的安危，周立即答应，把女儿许配给大中之孙。

临行时，周顺昌对魏大中道："联姻之语，决不食言。周顺昌是个好男子，老先生请自放心！"

孤帆远去，满目的春色何其惨然。

唯人间正气，不随残花凋零。

正所谓，壮士一诺，泰山亦轻！丑类虽狂，奈何赤心！

此次壮别，缇骑回京后，当然一五一十禀报给了魏忠贤。这事，也成了周顺昌后来遭难的原因之一。

说来，这周顺昌与东林党并无关系，完全是为东林党人的忠义所感，赴汤蹈火，在所不辞。

冤狱将至，自有忠贞之士慨然就戮，他们选择的就是"好死"。退缩者之苟活，正是壮士所唾弃之腐鼠。

——唯有忠义，才是人们心中不倒的丰碑！

第四章

熊廷弼惹起"六君子案"

天启五年（1625）五月、六月，六君子陆续被逮捕到京。周朝瑞和袁化中最早被逮，五月初即入狱。顾大章于五月二十六日被押到，魏大中六月十三日被押到。杨涟与左光斗最后到，至六月二十七日才被解进诏狱。

昔日同侪诸公，再见面时，已在魍魉世界内。六人相见，都不胜感慨。

这六人，除了魏大中之外，其余五人均为万历三十五年（1607）的同年进士。昔日及第时，都是抱负不凡，自许终生要做个报效国家的直臣。转眼却是乌纱除去，性命堪忧，生死就掌握在一个无赖手里！

他们也知道，自泰昌年间红丸案以来，他们同气相求，以正抗邪，得罪了一批小人，这才被权奸所嫉恨。这样想来，也是所为光明磊落，无甚可悔。

六月二十七日，杨涟和左光斗押到后，六人在狱中聚了一天，平安度过了审讯前的最后一日。

六月二十八日，魏阉的得力爪牙、锦衣卫指挥崔应元有令，对六君子开始严刑拷问。

锦衣卫都指挥佥事（第三把手）许显纯，奉命主持用刑。六君子的袁化中因平素多病，入京后受了湿气，一直僵卧不起。除他以外，其余五人于同日开始了噩梦般的遭遇。

魔头许显纯是个武官，性极残酷，却又粗通文墨。为向主子有个交代，他无所不用其极。

这次，他把事先写好的假口供揣在怀里，招与不招，都是一样的。抓六君子入狱，圣旨上的罪名是"受贿"，许显纯便按魏忠贤之意，已给各人编派好"受贿数目"：杨涟二万两、左光斗二万两、周朝瑞一万两、袁化中六千两、顾大章四万两、魏大中三千两。

按明朝惩贪的惯例，只要是承认了较为可信的贪污数目，并由家人凑齐了相当于赃款数额的银两交上，就可放人。这个追赃过程，叫作"追比"或者"比较"。

若六君子都是贪官，这一点儿钱，家里随便一搂，也就齐了。可他们人人是两袖清风，如何有法子"退赃"？当然，借款也可以"还赃"，但君子之交也大都是君子，哪里有肥得流油的朋友可以求助？且高压之下，人人畏避，即便是央告借款，也是万难！

六君子据理申辩，许显纯根本不听，只说这数目是汪文言所供。众人提出要与汪文言对质，许显纯冷笑道："文言已论罪处死，诸位于地下再与他对质吧！"

死无对证，你们能怎样？

汪文言是条汉子，他绝对不可能诬陷六人。这些"赃款"的数字，都是许显纯编好后，写成供状，趁汪文言被酷刑折磨得人事不省，抓着汪文言的手指画了押，以此坐实罪名，然后把汪杀死。

由于魏忠贤最恨杨涟、左光斗（自移宫案时就生恨），所以给他二人就编得比较多。同时，魏忠贤和徐大化又最恨顾大章（顾几次与他们发生尖锐冲突），结果给顾大章编得就最多，让他成了六君子中最"贪婪"的一个。

顾大章过去当过刑部主事，待下属相当仁义，如今入狱，狱卒见了都不忍，纷纷叩头掩泣。

恰在这几日，诏狱院内的土地庙前，有一株大树上长出黄芝，艳丽异常，观者皆以为奇。有狱卒认为这是吉兆，竟跑去向顾大章道贺，说或许不日就可获释。

顾大章却不以为然，他有预感，怕是很难走出这虎狼窝了。

按照许显纯的说法，汪文言供出了六君子受贿，那么，这几笔数额巨大的银子，又是谁向他们行的贿呢？

是熊廷弼。

这个名字，在本书前面已经出现过几次了。要讲清楚东林党的故事，这个人是无法绕开的。

熊廷弼，字飞百，号芝冈，湖广江夏（今武汉市武昌区）人。先世为南昌望族大姓，曾祖时迁居江夏，后来世代为农。他从小聪颖好学，但家境不好，常因交不起学费而辍学。

万历二十五年（1597），熊廷弼二十九岁，举乡试第一，次年登进士。当了官以后，清正廉明，热心赈济灾民，从万历末年开始，两度任辽东经略。

可他现在却是个罪臣。因天启二年（1622）初，广宁失陷，他有责任，被问成死罪。眼下正关在监狱里，等候问斩。

统帅失地，被砍脑袋似乎也是罪有应得，但熊廷弼这一案，本是个天大的冤案。熊廷弼和孙承宗一样，出身文臣却知兵，对辽东防务做过周密部署，其功劳和能力，都不在孙承宗之下。之所以兵败被问罪，是因为他没有孙承宗那么幸运，他上面没有人——尤其是没有一个皇帝做靠山。

早在万历三十六年（1608），熊廷弼奉命巡按辽东，这是他第一次与辽东结下不解之缘。其时，辽东镇守总兵官李成梁和巡抚赵楫，弃守宽甸等六堡八百里疆土，白送给了建州女真。还强逼边民六万户徙于内地，然后以召回逃人有功为名，向朝廷邀赏。这么大的一件事，想瞒住所有的人，当然不可能，很快就有人提出怀疑。

于是，万历帝授熊廷弼为巡按御史（监察部特派员），派他去辽东核查。

熊廷弼到任之后，立即进行实地勘界，然后上疏朝廷，指出赵楫、李成梁失地之罪，即便杀头也万难抵罪。由于万历对李成梁的信任绝非一般，因此没有采纳这个意见。

此后，熊廷弼又到辽东各地察看，北抵黄龙府，东抵鸭绿江，南极于海，西至山海、锦义一带，虽逼近女真之地，也毫无畏惧。其间，人迹罕至之处，无不遍历。

有了调查，也就有了对策，他为防范建州的努尔哈赤，制定了"实内固外"和"以夷攻夷"的方略。"实内"就是屯田；"以夷攻夷"就是发动女真族的其他部落和蒙古诸部，来牵制努尔哈赤。

万历见他说得好，索性就授权让他来主持屯田。

熊廷弼不仅有谋略，在实务上也很有一手，先后主持修建了自海州卫、盖州卫、三岔河起，经辽阳、沈阳到开原、铁岭、北关为止的七百余里边墙（关外长城）；还修建了新城七座、墩台百余座、粮仓十七所。三年之内，积谷三十万石。通过整顿军务，使边军实力大盛。

他的"合纵连横"也相当成功，与女真叶赫部及蒙古诸部关系都不错，使得努尔哈赤感到压力甚大，不得不退缩，以求和好。

努尔哈赤刚兴起的时候，明朝人大多看不起他，甚至有人认为，他还不抵江南一个富家有实力。但熊廷弼一眼就看出：辽东将来的大敌，就是这个努尔哈赤！当时有人评说道，熊廷弼制定的遏制女真战略，如能全部实现，则努尔哈赤将终身老死于巢穴而不敢动。

可惜，熊廷弼后来与辽东巡抚杨镐意见不合，不久被召回，调往南直隶任督学。他一走，"辽东方略"就再也无人理睬了。明朝后来覆没，这是不大为人注意的一个关键节点。

由于熊廷弼身上有武人作风，所以后来当了督学，也是一副武夫做派。万历四十一年（1613），因杖死生员芮永缙而被弹劾，丢了官，回乡一待就是七年。

万历四十七年（1619）三月，辽东经略杨镐受命，督四路大军进攻后金，其中三路大败，损兵折将。朝廷这才又想起了熊廷弼，赶忙起用他为大理寺丞兼河南道御史，命他宣慰辽东。熊廷弼受命后，兼程来京，但朝廷却又迟迟不给他关防文书，他只能在京城干等着。

到了六月，努尔哈赤攻陷开原。熊廷弼忧心如焚，上疏请急赴辽东，并要求大权独揽，以免多方牵制。万历这时候大概是急了，立即任命他为兵部右侍郎兼右佥都御史，经略辽东，文武都能管，并赐以尚方宝剑——你愿意怎么干，就怎么干吧！

七月，熊廷弼离京赴辽东途中，得知铁岭失陷。赶到辽阳后，更是差点儿没把他气晕：辽阳已是半座空城，官绅大都逃离，留下来的也都人心惶惶。

熊廷弼此行应变的身手果然不凡，一路上他就不断命令逃民返回原地。一进辽阳，立即逮捕了有退缩之意的知州李尚皓；又斩了逃将刘遇节、王捷、王文鼎，以祭奠开原、铁岭战死将士。转瞬之间，便初步稳住了军心和民心。

此时他得到情报，说努尔哈赤要乘胜攻占辽阳。如此的话，明军现有的实力根本无法抵御，熊廷弼便多次上疏，要求朝廷派兵遣将，发给军器，补充战马。他日夜督促士兵造战车、制火器，加强防务；还斩了贪将陈伦，撤换了懦弱无能的总兵李如桢，以振奋军心。

但就这样也还是不行，熊廷弼索性玩起了《孙子兵法》，他把守沈阳的绝大部分兵力调到辽阳，大宴军士，摆开一副阵势，佯装要进兵。

努尔哈赤虽然经常品《三国演义》，但面临此境，还是中了熊廷弼的空城计，在疑虑重重之中，没有立刻进攻辽阳。

好，你不来，我可就要忙了！熊廷弼趁此喘息之机，加固了辽阳城防。另外，还有更绝的：他不满足于一般的虚声恫吓，还亲自出马，与总兵贺世贤率精兵一千，踏冰冒雪，突然出现在已被努尔哈赤占领的抚顺关前。熊廷弼坐在马上，虚张声势，以鞭指点地形说："某处可安营，某处可设伏，某处可一战。"声音说得大，故意让后金的哨探听到。

努尔哈赤闻报，大为恐慌，以为熊廷弼真的要冲关了，连忙砍树堵山口，运石整修关隘，累得满头冒汗。熊廷弼却以此赢得了时间，继续大修辽阳城。三个月后，一座城垣坚固的辽阳城，赫然雄峙于辽东，整个防卫形势为之一变。

努尔哈赤这才回过味儿来，悔得跌足不已。

熊廷弼用兵如神，绝不是虚名。他算准了努尔哈赤进攻辽阳必出抚顺关，就在万历四十八年（1620）四月、五月间，亲自督修沈阳、奉集两地城防，用以扼守抚顺。然后命令总兵官贺世贤率兵三万去守沈阳、柴国柱率兵二万去守奉集。刚部署完毕，六月十二日努尔哈赤就兵分两路进攻这两个地方，都被明军击退。八月，后金又以六万大军进犯沈阳，熊廷弼亲自督阵抵抗，又让后金白忙了一场。

熊廷弼不仅把努尔哈赤玩弄于股掌之中，还提出了能够彻底剿灭后金的"坐困转蹙"战略设想。大致的方略是：将辽东的明军分为四路，置于瑷（ài）阳、清河、抚顺、柴河之三岔河这四个点上，每路三万人，相当于能攻能守的独立战区，各路相互策应。

这样，既能组织快速反应部队，消灭后金零星扰边的小部队，又能在农忙季节对后金境内进行频繁袭扰，使之不得耕种，日见困乏。然后四路兵马可相机同时进征，一举灭掉这个辽东大患。

万历皇帝是明朝中后期少有的一位懂军事的皇帝，他很欣赏熊廷弼的这一套，就不断给熊廷弼拨兵、拨军器。

至泰昌元年（1620）九月，熊廷弼已经集结了兵力十三万，重二百斤以上的大炮数百门，重八十斤的大炮三千余门，百子炮（轻型火炮）数以千计，战车四千二百余辆，铁箭、火箭四十二万余支。

熊廷弼的战略计划是这样的：一到冬季，就率军去抚顺关显示威力，先震慑一下后金，让他们士气低落。然后等到第二年春，再统率大军驻抚顺，步步进逼。要是后金贸然出来迎战，则不与之交战，只将其主力压制在原地就行。主要的战斗，是从叆阳、清河、宽奠这几个点上不断以小部队出击，反复袭扰后金的后方，使之疲惫不堪。同时再采取招抚的办法，分化瓦解其内部，等时机成熟，就给它一锅端掉！

那个时候的熊廷弼，大概也没把努尔哈赤看得特别了不起。后金，眼看着就是他的盘中餐。他绝想不到，被他死死压住的这个部落，后来居然能占了他身后的万里江山。

自万历十九年（1591）威镇辽东的总兵官李成梁第一次解职以来，辽东形势从未如现在这样好过，敌不敢再犯，且失土略有收复。朝廷上，也屡有人夸赞熊廷弼的“全辽”之功。

但木秀于林，必有风摧之。熊廷弼的功业，到此也就走到顶点了。万历四十八年（1620）这一年，总体形势很好，但在八月里，后金胜了一仗，攻陷了蒲河，明军寡不敌众，损兵七百。

本来，胜败乃兵家常事，但有人却不能宽容。朝中嫉妒熊廷弼“全辽”之功的，也大有人在，对他的攻击从来就没断过。在万历一朝，熊廷弼的地位一直比较稳固，原因是万历对他无条件信任。看《明史》上的记载，凡有熊廷弼的上疏，一概都是"疏入，悉报允""疏入，帝从之"之类，近于言听计从。

熊廷弼这人脾气大，喜欢骂人，和几乎所有的文官关系都不好。众臣对他侧目而视，尤其是言官，都把他当成眼中钉。由于万历后期一直在压制言路，所以言官无论如何也撼动不了熊廷弼。

万历直到临死前，仍对熊廷弼的意见很重视，别的奏疏可以不看，唯独熊廷弼的奏疏非看不可，且无一不批答，随上随批。

万历一死，熊廷弼顿时失去保护屏障。

言官们被压制了十多年，终于可以出头了，他们纷纷上疏，要求改革万历时期的弊政。万历时期的内政，确实一塌糊涂，但是他的"攘外"还是做得不错，言官们却不管那个，一概否定！

给事中姚宗文首先在朝中散布流言，纠集一些人攻击熊廷弼，必欲除之而后快。紧接着，御史顾慥、冯三元、张修德，兵科给事中魏应嘉等人，也先后弹劾熊廷弼。

熊廷弼的功绩在他们的眼里成了"出关逾年，漫无定画；蒲河失守，匿不上闻；荷戈之士徒供挑浚，尚方之剑逞志作威"。

其中，御史冯三元更是弹劾熊廷弼"无谋者八、欺君者三"，声称不罢免熊廷弼，辽东必不可保。

时泰昌帝刚即位不久，有诏下，交付廷议。熊廷弼当然气不过，上疏抗辩，自请求罢。

就这样，在泰昌元年（1620）十月，正是所谓"众正盈朝"时，熊廷弼被免职，以右佥都御史袁应泰取而代之。

袁应泰固然是个非常称职的文官，清正爱民，品德无私，但对于用兵作战，却一无所长，与熊廷弼差了两三个档次不止。他到任后，一切以宽大为怀，把熊廷弼那一套严密的边防设施，给改了个七七八八。到了第二年，也就是天启元年（1621）三月，清兵猛攻沈阳，袁应泰守不住，城陷，他也自刎殉国了。

辽东形势从此一溃千里，不可收拾！

到这时候，大家才想起：咱们还有个"全辽"的功臣，在家闲待着呢！于是，天启急召熊廷弼重新出山，再任辽东经略，同时以诸城人王化贞为广宁巡抚。

这次复出，是让熊廷弼驻在山海关，也是赐了尚方宝剑的，负责节制诸路人马，与万历年间那次很相似，起码权力是一样的。

但实质却大不同！

当代有人为他此次出山而甚感惋惜，说他不知是求功心切，还是意气用事，全不知其中关节。

什么关节？

可以说，这次的情况相当凶险，辽河以东，城寨尽失，军民逃亡一空，比不得当年了。这还不算，最成问题的是自己人，他遇到了连皇帝也很头疼的"经抚不和"难题。

熊廷弼复职后，提出了收复辽东的"三方并进策"，即在广宁部署重兵，牵制后金全部兵力，此为一方；在天津和山东的登、莱两地各置舟师，以备将来进攻，这是另外两方。实施这个"三方并进策"，还要联络朝鲜，即派大臣到朝鲜，收归流落到朝鲜的辽东军民，与朝鲜军合为一处，构成复辽的又一方。这个"三方并进策"，实际是四个方面的力量，不断积蓄，伺机并进。

恰好努尔哈赤这时也有他自己的问题。一个是他占领辽、沈后，内部矛盾开始激化，需要解决；另一个是他占的地盘大了，兵力分散，要想大规模进攻辽河以西，还有大量准备工作要做。

下一步的较量势所难免，但还不至立即动手，于是，双方都在憋着劲儿。

可是，熊廷弼这次的情况却不大妙。

从天启元年（1621）六月起，熊廷弼就开始为实施"三方并进策"做准备。他遇到的问题是：向兵部请调的兵迟迟不到，广宁巡抚王化贞也不配合。

王化贞这个人，既不知兵，又轻敌，根本不做相关的准备，而把恢复辽、沈的希望，寄托于蒙古虎墩兔憨部落的出兵，以及叛将李永芳的内应。他还认为，努尔哈赤并无意久居辽阳，防御兵力很单薄，明军只要不断出击，势在必克。

王化贞上面有人，兵部尚书张鹤鸣是他的后台，首辅叶向高是他的"座师"。朝廷方面当然支持他的出击策略。

可他的能力实在不行，五次率兵出击，均无功而返，并且还过早地暴露了"三方并进策"的意图。

熊廷弼有长远的谋划，当然反对王化贞这样胡闹，双方就此出现不和。王化贞仗着朝中有人，不受熊廷弼的节制。

朝廷方面几乎一边倒地支持王化贞。调往辽东的援军，张鹤鸣不通过辽东经略，就自行分配。熊廷弼致函询问情况，张鹤鸣也不搭理。王化贞拥兵十四万，而熊廷弼身边只有兵五千。熊廷弼要兵无兵，要权无权，完全被架空了。他上疏请朝廷节制王化贞，结果上面让他不要管王化贞的事。

王化贞甚至还上疏，放出狂言：愿请兵六万，一举荡平辽东！

看来，下一场大战，可以说在准备阶段，明军就已经输了。

天启二年（1622）正月，努尔哈赤发大军五万，分三路向河西进攻。当月二十日渡过辽河，攻西平堡。明守将罗一贵顽强抵抗，终因众寡悬殊而壮烈殉国，西平堡陷落。

就在后金军围攻西平堡时，熊廷弼令镇武堡守将刘渠急速增援。王化贞则轻率地采纳了游击孙得功的计谋，撤去了广宁、闾阳的守兵。以孙得功为先锋，带着这部分兵马与刘渠会合，一同前去增援。

努尔哈赤闻讯，分兵一部迎击明援军于平阳桥。这个孙得功，早已暗中投降后金。刚一交战，他就在阵后大呼："兵败了!"喊罢，率先策马逃跑。明军阵后顿时大乱，三万余人最终全军覆没，刘渠战死。

孙得功逃回广宁后，立即封了府库及火药库，声言要捉住王化贞，作为投降后金的见面礼。幸亏有部将掩护，王化贞才仓皇逃出广宁。在大凌河，王化贞遇见熊廷弼，不禁失声痛哭。

熊廷弼则冷笑道："六万大军，一举荡平，何至如此?"

一句话，说得王化贞愧不能言!

实事求是地讲，这个王化贞虽是个书呆子，但忠君保国之心还是很执着的。他喘息稍定，就向昔日的死对头熊廷弼征求意见，想调集兵马回广宁。

这个意图，在技术上可行与否，是另一个问题。王化贞不甘心失去广宁，是他作为辽东统帅应有的起码觉悟。

但是熊廷弼却兜头给了他一盆凉水："已经迟了!"接着说道，当下情势，只有护送广宁难民入关这一条路好走了。

经历广宁之败，王化贞已知用兵不是儿戏，没有熊廷弼的参与，他绝不敢再战了。

于是，熊廷弼将自己从山海关带来的五千兵卒，交给王化贞，让王化贞掩护难民撤退。他本人则带领副使高出、胡嘉栋等，尽焚关外军资，然后退入山海关。

熊廷弼的这个建议和行为，可能是他一生中最大，也是唯一的一个错误决策。

"经抚不和"窝里斗，固然可恨，但熊廷弼在军国大事上，也不该意气用事。当今有史家评论说，他无意出兵收复广宁，并非被后金的攻势吓住了，而是心灰意冷，还在生王化贞的气。

事实看来也是这样。在平阳桥大败后，就有人建议熊廷弼赶快驰援广宁，这在当时还是可以一搏的事，可惜未能成行。

王化贞逃离广宁两天之后，努尔哈赤的前军才抵达广宁。在这两天时间里，明军回兵广宁，从叛将孙得功手里夺下城池并固守，是极有可能的。

在广宁，王化贞的逃离不过是叛将作乱，并不是直接败于后金大军。因此，广宁失守严格来说并不是一次败仗。反身再把它夺回来，明军在心理上、士气上，应该说没有什么太大障碍。

至于夺回以后守不守得住，有一多半的因素，就要看熊、王二人的智慧了。

退一步讲，即使广宁不可复，锦州、宁远这些地方，还是可以坚持一下的。有几颗钉子钉在辽河以西不动，对努尔哈赤的气焰，总还能起到一定的遏制作用。

而一退回山海关，辽河以西的四十余城，就尽入敌手，明军防线也几乎撤到了山海关一线，关外再无屏障，后金从哪里都可以突破"边墙"杀进来。这样的边防，实在是太脆弱了。

努尔哈赤进入广宁后，纵军大掠之后焚城，而后撤回辽阳，仍将辽阳作为前进基地。辽河以西的军事主动权尽归后金，明朝若再想恢复辽东，不说是无望，也是前景非常渺茫了。

熊廷弼的错误，就在于此。

广宁失陷的败报传回京师，满朝大哗，人人震恐！原先袒护王化贞的人，怕累及自己，就纷纷起而追究王、熊二人的失土之责。

结果，王化贞、熊廷弼一起被逮入京，论死，被关在狱中等候处决。兵部尚书张鹤鸣，因为事发后表现恶劣，不久也被罢免。

一代豪雄熊廷弼落得个如此下场，后人多有为他感到不平的，认为他是代人受过，被王化贞的无能所连累。辽西的总崩溃，缘于平阳桥之败，这明明白白是王化贞惹的祸，与只有五千兵马的熊大帅有什么关系？

这两人被逮进大牢后，辽东统帅出缺，杨涟、左光斗就推举了孙承宗出来。天启也接受了教训：打仗如果解决不了"经抚不和"，还打个什么？于是，让孙承宗继任兵部尚书，又兼东阁大学士，再去经略蓟辽。这么高的位置，这么大的权，明朝开国以来还没有过——这一下，没有人敢对孙大人掣肘了。

先前，要是早些给熊廷弼这样的权力，何至于辽东全部丢光！

熊廷弼被逮，这是天启二年（1622）的案子，他和王化贞就这么一直关着等待砍头。实际上，这是一种缓期执行，一旦形势或者舆论有变化，没准儿也还能活下来。

没想到，熊廷弼在天启五年（1625）被魏忠贤大大利用了一回，用来打击东林党人。

若论熊廷弼与东林党的关系，从整体上来说，不是很好。熊廷弼看不惯东林党喜欢挑人毛病的劲儿，东林的大佬叶向高也不看好熊廷弼。但是，并不等于所有的东林人士都跟老熊过不去。

比如，熊廷弼第二次出山，就是东林重臣刘一璟极力推荐并运作成功的。刘一璟认为，辽事临危受命，非熊廷弼莫属。

在熊廷弼被捕后，对他怎么处置，朝中也有两种意见。一种是认为他和王化贞都应该处死；另一种意见则认为，王化贞是死定了，但熊廷弼应从轻。东林方面的叶向高、黄尊素、顾大章等，就是持从轻意见的。

一开始审理这案子，援引了"议能""议劳"的条例，就是考虑罪臣以往的能力与功劳，可予以减轻，初审议定王化贞死、熊廷弼判流刑。可是朝中反对意见非常大，坚决反对的人当中也有东林的要员，比如魏大中。

所以，东林党人对熊廷弼的评价和态度，并不是以党派来区分的，他们各有各的观点，都有一定的依据。

总体来说，熊廷弼与东林党全不相干，甚至还有嫌隙，这是确定无疑的。

再来看魏忠贤，竟然是以熊廷弼向东林党人行贿的罪名抓了"六君子"，此案在当时就叫"辽案"，这就有点儿不可思议了。

——欲加之罪，就可以公然违背天良吗？

六君子狱中浩气贯长虹

　　熊廷弼被判死刑后，因为朝议争论太大，结果在狱中一关就是几年。他在铁窗下反思，越想越冤：辽东大败，罪不在己，却当了个替罪羊，不服啊！于是就利用缓期执行的这段时间，让家属四处托人，以求活命。只要留得青山在，不愁将来翻不了身。

　　这个思路是对的。但是找了一些人，都帮不上忙——他这案子要从轻改判，是有一定难度的，因为有个王化贞在做参照系。同样判死的人，要活其中一个，这得是多厉害的人才可以办到？

　　三找两找，到了天启四年（1624）初冬，他想到了汪文言，觉得这是个很合适的人选，古道热肠，关系又广，应该能打通关系。

　　这个思路也没错，汪文言果然一口答应，因为他也觉得熊廷弼太冤了，当下就开始活动。

　　官场上的事，众人都知道，不过就是人托人。古代的人际关系还要更讲究一些，譬如同乡、同年、师生、僚属等等，都是可疏通的渠道。托人办事，就像水滴渗透，只要有耐心，总能渗透到想达到的地方。

这个"万金油"小吏汪文言，使出了浑身解数去活动，居然通过中间人，把关系走到了魏忠贤的门下！

这也不算荒谬——权力寻租，利益驱动，什么事情都可能发生。而且这个思路也对，在朝中，当时能不动声色翻过来这个大案的，还真就只有魏公公。

魏忠贤倒也爽快，熊廷弼过去跟他无冤无仇，救人拿钱，何乐而不为？于是，他跟中间人谈好价，四万两银，多一钱不要，确保熊廷弼能出狱，免死罪。

按照明代官场潜规则，事情直到这一步，还算是"正常"的。魏公公确实能办到，而且也没多要。活一个人，四万两还算多吗？

糟就糟在——熊廷弼是个清官，家里也没有开商号的，他没钱！

魏忠贤是很认真对待这件事的，放出话后，见迟迟没送钱来，就差人打听。一听说没钱，他不以为是穷，只以为是熊家嫌要价高，于是恼了：这不是捉弄人吗？

公公发了火，吩咐手下去打听一下，这糗事是谁出头办的。

打探的结果报来了，是上次没揪住的那个汪文言。

魏忠贤火冒三丈：好个小贼，你忒胆大了！一百棍子没打死你，不老实待着，反而玩到公公我头上来了。好好，你不是想让熊廷弼活吗？告诉你，熊廷弼是活不了啦，你本人也得陪着他去，还有你身边的那一伙东林党，统统给我到阴曹地府去聚会！

汪文言在此事中浮出水面，给了魏忠贤一个灵感——辽案事关封疆，是要死人的。而汪文言恰好与熊廷弼、东林党两边都有关系，自己又送上门来……

——这不是老天照应我魏某？更有一众干儿子，还教给了我一招：可以把我的帽子，借给你戴戴。汪文言，这一回，你就交代你是怎么向东林党行贿的吧！

这就可以看清楚了，这个莫须有的辽案，明明白白就是陷害！

以受贿案扯进来的六君子，是魏忠贤经过精心挑选的打击对象。杨涟、左光斗、魏大中不必说了，他们既是朝中占据要津者，又是魏忠贤一贯的死敌，当然要首先弄死。那么，袁化中、周朝瑞、顾大章这三人，又是怎么和魏忠贤结的怨呢？这里还需简单介绍一下。

第一位，袁化中，字民谐，号熙宇，山东济南府武定州（治今山东省惠民县）人。万历三十五年（1607）的进士，从知县的职位干起，后又巡按宣府、大同，官声一直不错。天启四年（1624），入京任河南道御史。

他之所以触怒魏忠贤，是由于在杨涟上疏受挫后，曾带领河南道的同僚，继续弹劾老魏。

弹劾的奏疏篇幅不长，但使用了很厉害的"用间之术"。他对天启说：魏忠贤逞威作福，杀内廷外廷如草芥，神人共愤。这当然是在陛下不知情的情况下干的，魏忠贤毕竟还存有一点儿畏惧心理。如今杨涟告他的折子已经上了，魏忠贤必然害怕陛下处死他。这样一来，他极有可能铤而走险。那时候，受害者恐怕就不是大臣，而是皇上了。陛下您想想，深宫之中，怎可让多疑多惧之人伺候左右，一点儿防备都没有呢？

这道奏疏，估计天启是看不到的，但老魏看到了，恨得咬牙切齿。

此外还有一件事。以往，魏忠贤素所庇护的边将毛文龙，为冒军功，抓了十二名百姓作为战俘献上。魏忠贤闻报大喜，吩咐要记功，却被袁化中揭露，说十二名俘虏全为百姓，且其中有八名是妇女儿童，后金难道沦落到要用妇孺打仗了吗？

结果，毛文龙记功的事泡了汤，这也大大忤逆了魏公公。

还有就是，在崔呈秀的考察问题上，袁化中也没说好话。崔呈秀曾央求袁化中帮忙掩饰一下劣迹，袁不答应，在考察时如实上奏，揭露崔的品行不端，导致崔要被法司处分。后来崔呈秀投了阉党，立马报仇，鼓动魏忠贤把袁化中给降级外调。

有了上面的这些过节，这一次的辽案，当然就少不了这位耿直的御史。

第二位，周朝瑞，字思永，号衡台，山东东昌府临清州（治今山东省临清市）人。也是万历三十五年（1607）的进士，最初授中书舍人，相当于内阁的文书，与同僚杨涟、左光斗等交情很深。

周朝瑞在天启即位之初，曾上疏请皇上开"日讲"，就是皇上每天要听课，学一些帝王之道。对这个建议，天启大为赞赏，马上实行了。

天启元年（1621），周朝瑞任礼科给事中，仍很受天启器重。到天启三年（1623），又升左给事中。这一年，他上疏弹劾阁臣沈潅以重金行贿，结交客、魏，大办内操。其中，也牵连到了阉党的邵辅忠和徐大化。从此，他就与阉党一班人结下了梁子。

熊廷弼被关起来后，徐大化不知受何人指使，放过王化贞不提，不断请求立斩熊廷弼。周朝瑞则针锋相对，认为熊廷弼才堪大用，罪不宜诛，可以让他戴罪镇守山海关。这又惹毛了徐大化，两人连续上疏互掐，直到有人出面调解，才算完事。

周朝瑞后又升了太仆寺少卿，徐大化一百个不服气，一心要除掉他。

于是，周朝瑞也逃不过这一劫。

第三位，顾大章，字伯钦，号尘客，南直隶苏州府常熟县（今江苏省常熟市）人，是个高官子弟，其父顾云程，曾任南京太常寺卿。顾大章中进士后，最早出任的是泉州推官，因看不惯上司的独断，就以养病为由，弃官归家了。三年后复出，任常州教授，继而又任国子监博士，开始与朝官互通往来。万历四十六年（1618）升任刑部主事，天启年间改任员外郎。

在刑部，他有一件事值得一提。当年辽阳失守，京城气氛紧张，五城兵马司和京营巡捕日夜抓奸细，将二百余名无辜流浪汉、算命先生、和尚等收监，问成死罪。刑部官员明知这是胡闹，但宁肯辞官，也不敢替冤民们辩白，竟致有四分之三的人枉死狱中。

顾大章实在看不过去，就对刑部尚书王纪说："以我一身换五十条人命，我心甘之。何况，只拿我一顶乌纱帽来换！"于是出面张罗，对还活着的五十多人进行会审。结果，只审出三个人有嫌疑，其余的人，皆予以释放。

首辅叶向高初回京后不久，曾经受到魏忠贤挑拨，对阁僚刘一璟有很大看法。魏忠贤便趁机矫诏，要罢免刘一璟。

这个时候，照例要有说情的人。别人惧怕叶向高重权在握，都不敢说话。顾大章作为叶的门生，本不应多嘴，但出于公心不愿坐视，就约了缪昌期，一起去向叶向高陈说利害，力主调解，终使刘一璟平安离任。

顾大章跟阉党结怨，是因为阉党的徐大化曾遭上司弹劾，徐大化怀疑奏疏是顾大章帮助上司起草的，气不打一处来。恰好在熊廷弼的问题上，顾大章是主张从轻的，徐大化就唆使亲信杨维垣出面，弹劾顾大章徇私枉法。所谓顾大章受熊廷弼之贿四万两的谣言，最先就是由杨维垣散布出来的。

叶阁老见自己的门生被陷害，当然力主调查。调查结果是，顾大章受贿一事毫无根据。但顾大章经此风波，名誉受损，也不得不告病还乡。

到了天启五年（1625）顾大章复出，任礼部郎中。这时徐大化已升任大理寺丞，成了阉党的一员大将。他和杨维垣商量了一下，认为昔日宿怨正好可来个总清算，于是就把顾大章一家伙给砸到"辽案"里去了，连捏造的赃款数目，都和当年造谣时的一样。

可以说，天启六君子个个正气凛然、忠心报国，都能为朝廷和百姓做一些好事。尤其是他们的个人品德，更是无可挑剔。至于魏忠贤非要把他们与熊廷弼案拉到一起，分明就是诬陷。

在朝士中，对熊廷弼印象好的人不多，因而主张将熊廷弼处死的官员，不仅有魏大中和其他东林党人，也有大批阉党人士。六君子因熊廷弼案而遭横祸，不存在"一报还一报"或"咎由自取"的问题。

六月二十八日这天，许显纯把栽给六君子的赃款数字，填写在奏疏上报给皇上，然后命令，对犯人各打四十棍、拶指一百下、夹杠五十下。六君子都是读书人出身，体质文弱，一顿酷刑下来，个个都是皮开肉绽，鲜血淋漓。

然而君子就是君子，六人在堂上皆辩论不屈，怒斥魔头。北镇抚司的大堂，名为"明心堂"，魏大中昂首怒目，指着堂上牌匾怒斥道："若如此，不是明心堂，是昧心堂！"

不过，这还只是个下马威。七月初一，魏忠贤矫诏，说既然六人招认受贿是实，就继续押在诏狱中追赃，着令不时严刑"追比"，五日一回奏。

这是什么意思？"追比"就是规定每过几天，交多少"赃款"，交不上就要拷打。什么时候家属把全部"赃款"凑齐了交上，在诏狱的事情就算完了，余下的，是移交刑部议罪。

所以开头的那一顿打，只是小菜一碟。这五日一"追比"，才是惨毒无比。

这时候，发生了一个小插曲：阉党的重要成员、内阁大学士魏广微，忽然出面为六人说情——这可是前所未有的稀罕事！

事情起于吏部尚书崔景荣，他深知"追比"的厉害，怕这六人一下都给打死，舆论上怕不好交代，于是就去找魏广微，把利害关系讲了一遍。

这魏广微也是陷害六君子的主谋之一，但是在这个关口被说动了，也担心万一出现这种后果，收不了场。于是就赶紧上了一道奏疏，说杨涟等诚然是罪人，但前不久毕竟还是朝廷要员。纵使赃私是实，也应转交法司，岂可逐日严刑追赃呢？人非草木，重刑之下，死也就是一瞬间的事。这不要说有碍仁义，且与祖宗之法相违。如此，将朝政日乱，与古之帝王就大不相同了啊！

这奏疏的草稿，是崔景荣起草的，魏广微以自己的名义递了上去。

他这样做，动机究竟何在？找不到令人信服的解释。这只能说明，人性是复杂的，也许魏广微坏是坏，但在他的观念中，整人也就整到罢官削籍为止。把人往死里打，则超过了他的道德底线。或者他心里明白：假设只把对手赶跑，一旦历史翻了过来，也不过就是个站错了队；而如果把人整死，则将来免不了要以命抵命。

不管出于什么原因，总之他把这道奇怪的奏疏递上去了。

魏忠贤一看，大怒：什么呀这是！魏广微一害怕，连忙把崔景荣的草稿拿了出来，证明并非自己本意，结果崔景荣立即被罢免，魏广微也很快被撵出内阁。从后来的情况来看，这两人的奇葩操作，反倒因祸得福。由于没有继续作孽，故而清算时罪名也相对较轻。

魏广微劝阻不成，从七月初四起，就开始了第一次"比较"。六君子前几天才被打过，此时都还没缓过来，不能独立行走，由狱卒扶着蹒跚而行。

六君子出来后，只见个个面色暗淡，头发全脱，额头缠着布，衣服上血迹斑斑。

其中，数杨涟的模样最惨，胡子在几日之内全白，染上了鲜血，极为醒目。

六人缓缓走到公堂，都伏于屋檐下。许大魔头把这六人轮番训斥了一遍，幸而未打，又送回了狱中。

这日为什么没打？原来许显纯先前拷打汪文言时，费了牛劲，对东林党的硬骨头有点儿发怵，想把案子直接推给刑部。

但是魏忠贤哪里能让他偷这个懒，七月初七，有旨对许显纯严厉训斥，仍旧限他五日一比。

到了初九，第二次"比较"，许显纯看几个人还是没恢复，怕打多了把人打死，就每人打了十棍。唯有袁化中病得起不来了，得免于受刑。

这一阶段，魏忠贤不断对许显纯施加压力。许显纯受压不过，也就渐渐地像条疯狗，顾不得许多了！

七月十三日，又开始"比较"，六君子被拖至公堂。许显纯露出了狰狞面目，喝令今后每五天一"比较"，每次要犯人家属拿出四百两银来，否则就要受重棍。

六君子当中，袁化中、周朝瑞家境略好，其余人皆为清贫之家，当初被捕时，又遭缇骑搜掠一空，因此每五天拿出四百两银，简直不可想象！

魏大中的一个儿子魏学洢，悄悄跟随父亲进了京。因为栽到魏大中头上的赃款最少，只有三千两，所以学洢在京很快凑齐，委托旧日邻居刘启先，入狱探望并交上了银子。原以为这就可以免去"追比"了，结果还是不行。

许显纯宣布了"五日一比"的决定后，左光斗小声分辩，魏大中、周朝瑞、袁化中三人伏地不语，杨涟则把随他进京的仆人唤至左右，大声道："你辈都从速回去，好生服侍太奶奶，告诉各位公子，不要读书了，以我为戒！"

杨涟此时已然明白，魏忠贤这次是打算非要六人的命不可，所有幻想，尽可抛去。他的这番话，既是说给堂上审官听的，也是告诉同伴们不要再心存侥幸。

这日"比较"，又各打了三十大棍，执棍者的呼喝声震天动地！六君子旧创未复，又添新伤，各个股肉腐烂脱落，其中杨涟受刑最重。魏大中因身体虚弱，受刑后连喊痛的力气都没有了。

这次之所以用刑较重，是由于魏忠贤直接施加了压力。初四日的"比较"没有动刑，当天魏忠贤就知道了，把许显纯训斥了一通，因此从初九日开始，拷打一次比一次加重。

两天后，七月十五日，是杨涟的五十四岁生日。早上，其他五人都挣扎着起来，向杨涟贺寿。

杨涟勉强支撑着起来，南面遥向老母拜了几拜，百感交集。他把诸人叫到身边，低声讲了他对目前形势的看法。他认为生还已经无望，希望各位早做准备。

诏狱对六君子的审问，天启一概交给魏忠贤去办，具体情况天启可能知道，也可能不知道。而魏忠贤则派有专门的听记，在现场监视，对审讯的进度和力度，是完全掌握的。

人为刀俎，我为鱼肉——夫复何言！六君子的家属，虽然抱着一线希望仍在设法筹款，但六人心中都已明白：来日无多了。

当天，杨涟就写好了遗书，又猛喝凉水，只求速死。

果然，第二天魏忠贤又矫诏下了中旨，斥责许显纯、崔应元"追比"不力，各降一级。原定五日一比，也改为三日一比了。

魏学洢听到这个消息，万念俱灰，知道父亲必死无疑，就向刘启先提出，要自己去衙门交银两，好借机见父亲一面。刘启先怕魏学洢被人暗害，没有同意，只是让学洢在衙门外等消息。

到七月十七日"比较"，杨涟、左光斗各挨了三十大棍，其余人未用刑。杨涟、左光斗只是咬住牙，不吐一词。许显纯威胁说，下次如再不交银，就要受"全刑"了。全刑，就是五种常用的刑罚一起上。

这一天，刘启先在诏狱见到了魏大中。魏大中身体状况更为恶化，只能以微弱的声音说："吾命不久矣，毛孔皆痛。不要教吾儿知道。"刘启先告诉他，学洢想进来见一面，魏大中大惊，坚决不允。

这天的"比较"除了杨、左之外，其余四人没有受刑。魏学洢连忙出了京城，赶到京畿的定兴县江村，到与父亲曾是同僚的鹿继善家里求借银两。

鹿继善此时任兵部主事，正与孙承宗同驻山海关。家中鹿太公受到儿子的影响，对六君子寄予同情，先前就曾经帮过左光斗的弟弟左光明筹集银两。六君子的家属也有多人来过他家告借。鹿家帮助魏大中，本来是没有问题的，但鹿继善是个清官，因此家中可说已是没有分文了。

鹿太公慷慨豪侠，不忍见正直之士受此磨难，便发动村邻凑钱相助。乡人淳朴，虽然大多并不知道魏大中是何许人也，但却知道人以群分，既然鹿太公出头，六君子必是好人无疑，便纷纷解囊相助。

甚至村中有许显纯的族人，受良心的拷问，也拿出钱来帮忙。

乡间民穷，大家七凑八凑，才勉强凑出不到五十两银。危难时的慷慨相济，最能显出人性之光。魏学洢接过银子，心中五味杂陈，既感激又悲伤。他谢过众乡人后，又匆忙奔回京城去打探消息。

七月十九日，杨涟、左光斗、魏大中受全刑，惨烈异常；周朝瑞、顾大章各受二十棍、拶指五十；袁化中因病免棍，仅拶指五十。

据在场的人后来回忆，行刑之时，杨涟尚能大声呼号，左光斗的声音却只能呦呦如小儿。魏大中在行刑后自知不免，把仆人叫到身边说："从十五那天后，我闻到饭味则呕，每日只饮冷水一碗、吃苹果半只。这条命，想来也就在旦夕了。速为我准备棺木。家贫买不起好的，能掩埋我的骸骨就可。"家人掩面痛哭而去，以十五两银买了一具简陋的棺木。

七月二十日，杨涟的家人送饭时，不知为何在茶叶里掺了些金屑，被狱吏发觉。家人怕受牵连，连夜逃走了。从这天起，就再也没人给杨涟送饭了。

可叹一代名臣，终局竟是凄惨若此！杨涟早年丧父，其母视他如珍宝，倾心培养成才。却不料，人生半百刚过，他就要走在白发老母的前头了。

——志士何辜？忠良何罪？天理何在啊！

天启五年（1625）夏的这二十几天，可以说是明朝开国以来最黑暗的日子，六君子在魔窟里所承受的，不仅有肉体上的创伤，还有正义不得伸张的深深绝望！

据《明史纪事本末》记载，六君子受刑时，排列跪在阶前，打手们喝骂百出，裸体辱之。创痛未复，不等过夜就再加拷掠，到后来，审讯时诸君子甚至无法跪起，只能戴着刑具平卧堂下，见者无不含恨流泪。

刚入诏狱不久时，左光斗曾对诸人提议道："阉竖杀我辈，有两个法子。一是借我们不肯诬服，再三拷掠，直至掠死；二是在狱中加害，隔日报称病死。若我辈诬服，则当转至刑部拟罪，或许尚有见天地之日，枉死狱中则无益。"

众人觉得他说得有道理，就都"自诬服"了。可是，他们太过天真了，恶人岂能容你有空子可钻？自诬服换来的，则是更为严厉的"追比"——既然认了，你就交款吧。众人到这时才大悔失计，但已经晚了。

许显纯是个滑头，他并不想承担杀死六君子的恶名，几次都想搪塞，可是魏忠贤催逼得越来越紧。二十一日，又有一道严旨下来，责令对杨涟等还要加大力度。

杨涟是东林阵营最有名望的人，又是反对魏忠贤最有力的一个，因此对他的拷打尤为残酷。杨涟每次都被打得肉绽骨裂，髓血飞溅，几度昏死。许显纯却仍嫌不足，命人专打杨涟的头和脸，直到打得牙齿尽脱。

好个杨涟，生就一副铮铮铁骨，早就抱定了必死的信念。许显纯追问他有关熊廷弼行贿一事，杨涟怒斥道："熊廷弼在辽阳尚未败时，我就参劾过他。及至广宁失守，我更力斥他何辞不死！熊廷弼恨不得欲杀我，岂能托我营求免罪？你昧心杀人，天下后世，你之肉不足为人食！"

许显纯被驳得哑口无言，大叫道："加刑！"

杨涟坦然对曰："加刑何用？如今有死而已。"

许显纯恼羞成怒，命人以钢针刷狠命将杨涟身上刷得体无完肤，肉碎如丝，但杨涟仍骂不绝口，痛斥匪类！

正邪两类人物，对眼前世界的看法，其差别往往有如天壤。施暴政者以为死能吓住天下的良心，正义者却以"好死"为平生的心愿。

杨涟在《告岳武穆疏》里讲："自古忠臣受祸者，何独涟一人，如武穆王何等功勋，而'莫须有'竟杀死忠良。何况直臣如涟，此行定知不测，自受已是甘心。"

的确，在杨涟的身上，可见到岳飞的精魂传承不泯。人间之正气，绝非汹汹一时的颓靡之风就能掩埋得了的！

义士不屈，浩气弥天。在生死关头，杨涟以最后之力写了一篇《狱中绝笔》，其文曰："但愿国家强固，圣德刚明，海内长享太平之福。涟即身无完肉，尸供蛆蚁，原所甘心。"

杨涟将这两千余言的绝笔，亲手托付给顾大章。为防止被狱卒搜去，顾大章把它藏在关帝像背后，后又埋于狱室北墙下。因侥幸之故，最终传到了杨涟之子杨之易的手上，才得以传于后世。

他又以血蘸指，写下二百八十字之血书，其文曰："大笑大笑还大笑！刀砍东风，于我何有哉！"气竭之际，仍字字如剑，直刺人间奸邪。

血书写好后，藏在了枕中，于杨涟死后才辗转落入家属手中。

到二十一日"比较"，天下大雨，用刑的棍子湿重异常，且尽力狠打，故呼号之声更惨。杨涟的家仆日前畏祸逃走，无人来交银两。用完刑后，许显纯大声责骂，杨涟举头欲辩，而口已不能言。

这天，其余人受刑后，均已抬入狱内；唯有杨涟、左光斗二人被放在户外，无人理睬。其时大雨如注，两人臀血流离，伏地若死人。雨中，杨涟被激醒，大声呼叫，许显纯才命将二人抬进狱中。

左光斗被抬走之时，已不能说话，仅能以目光搜寻来交银的亲属。但是，亲属前来，虽能见上一面，也只能站在一丈开外。且交完银后，立即被赶走。可怜左大人这凄凉的一瞥，哪里还能见到亲人的影子？

咫尺天涯，就这样生死隔绝。

这里有的只是"杀人如草不闻声"！

恶人作恶，向来就这样，他们不怕有来世的报应。

世间怨毒，就是由这群人造成；士林精华，就是由这群人摧残殆尽。

为防止"追比"的惨烈情形被泄露出去，狱中防范甚严。左光斗的学生史可法，得知恩师入狱，赶来京城打探消息，却始终不得其门而入。二十一日，他听说老师又受了全刑，且被炮烙，心知老师将不久于人世，就以五十两银贿赠狱卒，痛哭哀求。狱卒亦被感动落泪，让他穿上了破衣草鞋，装扮成打扫卫生的，混进了监狱。

史可法幼年穷困，念书时曾借住在古寺中。某一风雪之夜，左光斗微服出游，见史可法正伏案打盹，袖下压着刚写好的文章。左光斗抽出一阅，大为赞赏，连忙解下貂皮衣服为史可法披上。此后，左光斗一直对史可法照顾有加，曾激励说："童子勉之，前半节事在我，后半节事在你！"

进得监室后，史可法见左光斗背倚墙壁，席地而坐，面目焦烂，不可辨认，乃炮烙所致。左膝以下，筋骨皆脱，其状惨不忍睹。

史可法不由肝胆俱裂，抱着恩师的膝盖痛哭失声。

左光斗听出是史可法的声音，就用手拨开已经焦烂的眼皮，目光依然炯炯，骂道："庸奴，此何地，你竟敢大胆前来。国家之事，糜烂至此，你竟轻身而昧大义。倘遭不测，天下事由谁支撑？赶快离去，不然，不等奸人构陷你，我就先将你打死！"说罢，就用手去摸地上的刑具，做投击状。

恩师既出此言，史可法不敢违抗，忍不住热泪直流，起身快步离开了。后来，他经常向人讲述此事，每次都哽咽不止，说道："吾师肝胆，皆铁石所铸也！"

史可法后为崇祯朝的进士，为救国难，赴汤蹈火。南明时期，在著名的扬州保卫战中以身殉国，名垂万世，没有辜负恩师生前的一片苦心。

可叹，天下虽大，却容不得忠贞之士卓然而立。

唯见小人猖矣，世风下矣，纲纪危矣！

六君子的遭遇，引起了无数正直人士的同情。有一位化名为"燕客"的人，就混进了诏狱，想帮助六君子，他目睹了六君子的最后时刻。

七月二十四日"比较"，左、杨、魏又受了全刑。魏大中的家属本来已交齐了"赃银"，为何还要对魏继续用刑呢？

原来，魏忠贤曾认为，魏大中和自己同姓一个"魏"，便有笼络之意，只是一直没有效果。这次给魏大中栽的赃，在六君子中最少，就是为了给魏大中最后一个机会。

但魏大中在受刑过程中，竟无一个"悔"字，惹得魏忠贤大怒。七月初，京师西城御史倪文焕，因责打了小宦官，得罪了魏氏核心团队，自知不能免祸，就投靠了崔呈秀，请崔代为斡旋，并把魏大中在入京途中与周顺昌结为亲家的事，密报给了魏忠贤。

两件事加在一起，魏忠贤对魏大中便不再抱幻想了，下令说，不管魏大中完不完赃，只管往死里打。

二十四日这天，情况相当严重。刘启先赶到镇抚司堂上交银的时候，见魏大中已无力跪起，趴在堂下。

刘启先连忙膝行过去，想给魏大中拢一拢头发，却见魏大中半个脊背血肉模糊，满是蛆蝇。他鼻子一酸，泪水滚下来，哽咽着问道："魏公，能忍否？"

魏大中以微弱的声音说："我不行了。"

刘启先又问："想食粥吗？"

魏大中艰难地睁开眼睛，急促地说道："余事莫问，速教吾儿离去！"

刘启先知道诀别时刻已到，忍不住放声痛哭。衙役们听到了，跑过来对他一顿呵斥责打。

刘启先退出后，哭求守门的兵卒，在墙缝处偷看了一会儿里面的情况。开始时，还能听到魏大中的呻吟之声，到后来就声息全无了。

当天六君子被拖入监牢后，许显纯吩咐小牢头说："今晚六人不得宿一处。"随后，把杨涟、左光斗、魏大中送去了大狱。

混进牢里打杂的燕客感到奇怪，问狱卒是何缘故，狱卒叹息道："今晚各位大老爷当有挺壁者。"挺壁为方言，就是死之意。

当夜，杨、左、魏果然被害死。有人告诉燕客：三人之死，是锁头（监狱头目）叶文仲所为。负责六君子的几个狱卒中，叶文仲最狠毒，颜紫其次，郭二再次之，唯有刘某一人比较忠厚。

外面并不知这些情况。二十五日早上，魏大中的亲友们发现有些异常。到下午，杨、左的死讯传了出来，但魏大中却没有消息。到二十六日，魏大中死讯才传出，究竟死于何时，已无人知晓。

到七月二十九日，三人的尸体才从诏狱后门被拖出，都用被褥包着，外裹苇席，用草绳捆住。

据说，在最后行刑的时候，许显纯以铜锤猛砸杨涟的胸膛，致使杨涟肋骨寸断，又命人对杨涟以土囊压身、铁钉贯耳。

二十四日夜，许显纯命人用大铁钉揳入杨涟头部，致其当场殒命。至于左、魏二人是如何死的，无人得知。

诸君子每死一个，许显纯就剔下其喉骨，装入盒内封好，送给魏忠贤以示交差。

当时天气暑热，许显纯为掩盖酷刑痕迹，故意延宕了几天，才把尸体发送出来。

三人的面目，已不可辨识，只是枯骨腐肉而已。各人家属不忍细看，草草以污衣血单包裹上，放入棺材内抬走。杨涟家人买的棺材，竟然被阉党田尔耕丧心病狂地抢走，仅以破木棺掩埋了事，见者无不为之饮泣。

杨涟死前写的绝笔，被顾大章藏在牢房地下后，因为换了房间可望而不可即。狱卒孟某感于忠义，伺机偷出，交给自己的弟弟带了出去，转交给了燕客。另有杨涟藏在枕头里的血书，被牢头颜紫查出。

颜紫本是个狠毒之人，读了血书后，竟然被感化，对人大哭说："异日翻案，我就持此以赎罪吧！"

杨、左、魏三人死后，"比较"日期改为隔两日一比，但用刑的次数却大大减少了。这是因为魏忠贤已经除去心头最恨的三人，怕骤然间死的人太多，不好向天下人交代。到八月十二日，袁化中将一万两全部交完。十四日，周朝瑞的一万两也全部交完。但当日仍有严旨下来，命令继续严追，并不放人。

这两人在六君子中家境是比较好的，交款的压力不是很大。尤其周朝瑞对求生还有很大幻想，他曾对同案人说过："忠贤所恨，唯有杨、左，他二人若死，吾四人可生还。"

自"完赃"后，周朝瑞的心情不错，便整理鞋帽，以为厄运结束之日即将到了。但他忘了：阉党一伙，从来不按牌理出牌。所谓追赃，不过是一个迫害的借口，他们岂有让政敌生还之理？

果然，八月十八日晚间，袁化中被单独押至关王庙，狱卒颜紫下手将其害死。

第二日，许显纯上疏，报告周朝瑞病重，这是意欲谋害的前奏。皇上看了，不明所以，还专门派了医官去诏狱看病。医官糊里糊涂进了诏狱，病人没有见到，却被许显纯呵斥出来。

周朝瑞此时还蒙在鼓里。他是个忠厚耿直之人，刚入狱时，常说："死亦何难？只需尺布便了（意谓上吊自尽）。"但他在"完赃"后，却又心生侥幸之念，并不安排后事。顾大章和狱卒孟某心里着急，就商议如何想个办法点醒他。

八月二十日，顾大章凝视了太阳许久，对孟某说："听说鬼不能见太阳，趁还未死，多看一看。"

周朝瑞闻听，心中奇怪，也凑过来看。孟某就佯作严肃地对顾大章说："先生到此地步，不思大事，却终日浪谈，是何意？"

顾大章会意，转头看着周朝瑞说："所谓大事，即是身后之事，我自七月后就知断无生理，因此诀别家人，遗书已写了甚久，只是无法送出，今仍留在床下，怎能说我终日闲聊，不思大事呢？"

周朝瑞这才猛醒："既如此，我也写几行吧。"

他把遗书写好，与顾大章的放在一处藏好。

可怜周朝瑞，遗书写完还不到十天，大限就到了。八月二十八日中午，周、顾二人正在和狱卒孟某一起吃饭，狱卒郭二跑来叫道："堂上请二位爷说话。"说着，便给二人戴上刑具，向外走去。

走到监狱门口，另一狱卒刘某从后面拉住顾大章，小声道："爷回来，今日没你事，是里头要周爷的命！"顾大章这才止步。

周朝瑞被押至大监后，没多久，便有死讯传出。

据说，周朝瑞的"速死"，跟他的耿直也有关系。他"完赃"之后，许显纯从中贪污了五十两，称"赃银"尚未交齐。周朝瑞不服，拿出账目来，要和许显纯对质。许显纯哪里还能等到对质，先就下了手。

周朝瑞死后，狱中的监管更严，遗书无法送出。顾大章将情况偷偷告诉燕客，由燕客贿赂了狱卒，才在周朝瑞的尸体发送出来时，取出了遗书。燕客将遗书保存好，后来南归，托人交给了周家。

到此，六君子中的五人已先后冤死，只余顾大章一人。

顾大章自入狱起，就对结局不抱幻想，他在自己狱室的墙上，写了一副对联："故作风波翻世道，常留日月照人心。"并嘱咐家人，以此联作为自家祠堂的楹联。

"追比"以来，阉党认为顾大章最有钱，给他安的"赃银"最多。为了追出四万两银来，就让他活得最长。在受刑过程中，他曾三次被拷打昏死，家人见此惨状，都悲伤不已。

顾大章平素信佛，对生死问题看得很开，曾对家人笑道："你辈不要作儿女态！"

诸人既死，全部压力就落到他一人肩上，圣旨上还特地申明，要从严对顾大章追赃。此时，义士燕客在诏狱内外积极活动，试图在最后关头让顾大章逃脱厄运。

九月初二，狱卒刘某对燕客说："堂上已在商定顾爷的死期，甚急，奈何？"

燕客说："与你钱，能缓五日否？"

刘某说："能！"

此时延展死期又有何意义？原来，五位君子先后死于诏狱，此事在外界引起的舆论甚大。阉党崔呈秀、徐大化为此甚感忧虑，他们商议了一下，便向魏忠贤提出建议说："若六人皆死于诏狱，无以服人心。"不如将顾大章交刑部定罪，以示此次铲除六君子的行动光明正大。

魏忠贤接受了这一建议，就去忽悠天启，马上下了一道诏书，命将顾大章发到刑部定罪，明昭天下，以定是非。

古代奸人作恶，也不忘披一张遮羞布。这就是所谓"台面上的话语"。

九月初六，圣旨下到镇抚司，燕客知道后，生怕许显纯下黑手，当夜紧张得一夜未合眼，所幸一夜无事。

第二天一早，狱卒刘某跑来说："五日之期已到，今晚必不能保全，奈何？"

燕客成竹在胸，说道："合当有变！"

刘某不信，摇头窃笑而去。

果然只过了片刻，许显纯就将顾大章提至堂上，宣读了将他移交到刑部的命令。读完，许显纯拍案大喝道："你十日后，复当至此追赃！"

那么，何来此言呢？原来，这是许显纯怕顾大章到刑部后，把诏狱的黑幕讲出去，所以才以此进行威吓。

在去刑部的路上，顾大章如释重负，对燕客道："这一向在诏狱中，如同有人扼我之喉，不让吐一语。一腔怒气，无从得伸。今来刑部，虽无多日，但许显纯之凶恶及凶手姓名，就可播之天下了。异日世道复清，此辈断无遗种，我可瞑目矣！"

顾大章身处绝境，头脑仍十分清醒，他料定在魔掌之下断无生路，但也预见到奸人必不长久。

杨涟等人在狱中受刑和惨死之状，果然在刑部审讯时，由顾大章一一说出，很快就公之于世。但此时的刑部审官，全都屈服于阉党的淫威，已不能主持正义。九月十三日会审时，会审官有十人，在堂上喝令顾大章承认六人受贿之事。顾大章愤而驳难，冷笑道："我岂能代死者诬服？"

最终，刑部尚书李养正等人商议，依据镇抚司转来的"供词"，以移宫和封疆两案，判六人斩刑，算是给这次迫害披上了合法的外衣。

十审官良心已被狗吃掉，不仅揣度魏阉的意图判决此案，还嫌顾大章多嘴申辩，下令打了十下竹板。而后，将他们的名帖和所写判词，恭恭敬敬交给内侍带走。

魏忠贤接到判词后，大喜过望，立刻矫诏公布天下。又吩咐道：将顾大章押回诏狱，继续"追比"。

顾大章得知消息，觉得心事已了，全无贪生之念，他对燕客说："有刑部十天，则诏狱百日不为虚度。何也？可与家人相见诀别。此外，原为流言者，已由我亲身证实。如此，比起已死诸君，我已属幸运，更有何求？"

燕客知道顾先生已抱决死之念，甚感悲戚，连忙劝先生再等两日，也许就会有转机。

顾大章淡然一笑："吾自八月初，已将家事处置写于一二纸上，封之又开，凡五六次，思无剩语……今日已将这副皮囊置之度外了。"

说罢，他仰天叹道："我岂可再入诏狱！"

他主意已定，视死如归，以右手仅剩的食指和大拇指，握笔疾书绝笔："我以不祥死，犹胜于老死窗下而默默无闻者。"

十四日一整天，在刑部监狱，顾大章米水不进。其弟顾大韶前来探监，兄弟二人在一起饮酒诀别。在此之前，他曾让人在自己的酒中下毒，但因药力不足而未能死去。当夜，他趁人不备，毅然自缢而死。

九月十九日，顾大章尸体从刑部监狱中送出，衣帽整齐，神态安详，面容有如熟睡。

烈士高行，苍天亦应泣下！

——国家无正气，才会有此令神人共愤的惨剧。

六君子亡故之时，正值英年，都不过五十岁左右。诸贤死讯传出，闻者都为之流涕。

天下为一家一姓所有，才会有这忠奸不辨、是非颠倒的恶果。叹只叹：神州有多少忠良，能禁得起如此摧折？

但在同一片天空下，对正邪的判定，却有天渊之别。没心没肺的天启帝，把自己的股肱大臣视为仇寇，毁自己的江山有如狂欢。八月中，他在经筵听课时，对内阁诸臣说："杨涟等罪恶多端，今虽在狱中亡故，其未完赃私，仍须令地方抚按，立限'追比'。"

九月下旬，刑部议罪奏疏呈上后，天启好像恨犹未解，一口气批了二百多个字，称六君子为凶恶小人，目无法纪；说罪人虽然已瘐死狱中，还应戮尸都市，现姑且从轻，以示法外开恩；还特别下令，要将六君子案颁行天下，以服万世人心。

——昏君，昏话，昏乱思维，一至于此！连一日都不能服人心，居然还敢奢望服万世的人心？堂堂大明朝，经过嘉靖、万历、天启这三朝，不遗余力地自毁，若要不亡，已是没有天理了！

反观草民百姓，在此事过程中，却不乏豪侠仗义之士，敢为六君子伸张正义。

六君子死后，一直在暗中守护的燕客，仍滞留京中，每每想起六君子的音容，都觉悲愤难抑，总要慷慨长啸。一日与人喝酒，又讲起六君子冤案，忍不住热泪直流，不能自已。他的言行被阉党侦知，立即派人拘捕。

燕客闻讯，急忙装扮成商人，纵马向南，一日一夜狂奔三百里，才算逃脱了魔掌。

六君子在狱中的种种情景，就是由他冒死写了下来，方得传诸后世的。他的书，仅有薄薄的十四页，书名为《诏狱惨言》，又曰《天人合征纪实》，逐日有翔实记录。署名为"燕客具草撰"。据明史专家王春瑜先生考证，该人的真实名字叫顾大武。

阉党泯灭天良，已毫无人性。六君子案本是政治案件，追赃不过是个借口，但杀害了六君子之后，阉党仍不放过六人的家属，逼迫家属继续"完赃"。

杨涟为官清廉，全部家产还不及一千两银。他入狱后，家人将家产尽数变卖，也凑不出二万两之数。老母妻儿无处安身，只得栖居在城门上的一间破屋里，两个儿子以乞食来供养老人。应山知县夏之令心中不忍，公开为杨家立簿募捐，乡人争相资助，连卖菜农民也踊跃捐资。

左光斗死后，左氏亲属多被追赃，长兄左光霁受牵连而死，左母因丧子之痛日夜哀哭，不久亦死，但追赃仍不停止。桐城知县陈赞化尽力维护左氏宗族，终因势单力薄，无法避免左氏众亲族倾家荡产。

魏大中死后，长子魏学洢护送灵柩返乡。阉党在原有的"赃银"三千两之上，又多加了三百两，下令地方官追逼魏学洢交出。魏学洢来往乡间，四处借贷乞求，也无法还清，加之晨夕号泣亡父，竟一病不起。

弥留之际，家人送汤给他喝。他怀念父亲，以手拒之，说道：

"诏狱中，可有人半夜送汤乎？"最后痛哭气绝而死。

大明朝最黑暗的一幕，就此终结。惨绝人寰处，每每令史家不忍落笔。

唯可庆幸的是，暗夜中虽只有星辰寥寥，但其光焰，却永耀于世人心中。

朝堂上，阉竖们虽弹冠相庆，却终归阻不住江潮浩荡、山崩地裂。在火山口上舞蹈的日子，长久不了。

世代皆如此，绝无侥幸！

六君子被陷害，六君子案却余波未尽，因为此案的"肇事者"——熊廷弼还没有处置。

六君子遇害，熊廷弼当然也就活不成了，这是何故呢？

明末有人说："当时失封疆者，不独一熊也，杨镐、王化贞安坐福堂，而独杀一熊，熊不死于法，而死于局。"这话说得不错。这里所说的"福堂"，是指刑部监狱，当时人认为刑部监狱与诏狱比起来，不啻是天堂。

熊廷弼难逃一死的原因，首先当然是魏忠贤索贿不成，感到受了愚弄，因此他誓速斩廷弼。魏忠贤一发火，谁还能有生路？

其次，六君子已因"受贿"被拷掠死了，而"行贿人"岂有活下来的道理？因此熊廷弼必须死，一则是为了平息舆论，二则是为了灭口，让"封疆贿案"成为"服万世人心"的铁案。

再次，熊廷弼本人对"行贿案"的态度，也注定他必死无疑。熊廷弼是条好汉，不因杨涟、魏大中曾经力主要判他死刑而衔恨，反而在狱中写了一份揭帖，力辩杨涟等人绝无受贿之事，让人带出去广为传播。这个釜底抽薪的义举，激怒了魏忠贤，他又焉能不死?

最后还有一条,就是直接促成熊廷弼被杀的人,是阉党的冯铨。当时坊间有一部绣像小说(有插图的章回小说)《辽东传》刊行,里面专有一章写冯布政父子奔逃,说的是冯铨的老爸冯盛明当年临敌脱逃的事,把胆小鬼嬉笑怒骂贬斥了一通。冯铨读了后,又羞又怒,疑心是熊廷弼指使人所撰,于是心生歹念,要把熊廷弼立即弄死。

阉党关于杀熊廷弼的舆论,是从六君子被捕入京时就开始发动的。先是实习御史门克新,受魏忠贤指使,于五月初五上疏请立诛熊廷弼。可是在内阁票拟时,阁员们谁都不愿承担杀封疆大臣的恶名,于是建议推迟到秋后再说。

天启对此很愤怒,发回让内阁重议,内阁却以当下的行刑时间不合祖制为由,再次拒绝。

这一幕很有意思,按说这时的内阁,已经是"阉党内阁"了,为何还要抗命?原来,这是明代官场的一个惯例:主子要杀谁,我没意见,但是不能让我来背这个恶名。古代的恶人,终究有所顾忌,很怕在历史上留下大的恶名——父母给我取了这个名,总不能让人千年万年地唾骂。

可是,熊廷弼必须得死,总要有个人出头来背这个恶名。

这个人,当然有!

到了八月二十一日,也就是杨、左、魏三人已经殒命后,冯铨趁着在文华殿讲筵之机,从袖中拿出一本《辽东传》呈给天启看,说:"此书为熊廷弼所撰,流传市面,掩饰夸功,希图脱罪。"

天启翻开一看,文字很浅显,哪里会是进士出身的熊廷弼所撰。但是狼要吃羊，有个由头就可，管他那么多！于是天启下诏，让内阁速议处决。

内阁其他人仍是不愿沾手，冯铨恰好是当年八月入的阁，就由他起草了诏书。按例，票拟文书入宫后，由王体乾先行审阅，王看完后说："这明明是小冯欲杀熊家，与皇爷何干？"他建议，请皇上御笔加入"卿等面奏"之语，把杀熊廷弼的责任推到内阁身上。

八月二十五日，天启修改过的诏旨下达，里面果然把进呈小说的情节详细写出，并说是"卿等五员面献"，让内阁的人一个也脱不了干系。这道诏旨，对熊廷弼咬牙切齿，连心怀不轨、辱国丧师、恶贯满盈、罪在不赦这样的词语都用上了，命立即把熊廷弼给处决。

——天启为何对熊廷弼如此之恨？

因为熊廷弼遭遇的广宁之败、河西之失，是在天启二年（1622），正是天启帝刚即位不久。这是一件很丢新帝面子的事，天启耿耿于怀，总要找个人出气。他本来对熊廷弼寄予厚望，结果如此令人失望，因此也就选中了熊来出气。

第二个原因，新即位的皇帝，往往对先帝所信赖的重臣有微妙的心理，不愿意重用，也不放心使用，甚至要找个理由拿掉。新帝总愿意使用自己看重，或者自己一手提拔起来的大臣。熊廷弼在第二次出山后，权力远不如万历年间，却有一个不懂兵事的王化贞不时掣肘，这就是天启的心理原因在起作用。

最后还有一个原因，天启也是一个很懂兵事的人，对辽东方面的战略形势，他并不糊涂。可能是看出了熊廷弼最后弃守辽东，是在跟他赌气，因此不愿宽恕。

熊廷弼的悲剧绝不是孤立的，他之后的孙承宗也是一样。在天启一朝，孙承宗恩宠甚隆，但到了崇祯年间就失宠了，让给了袁崇焕。而崇祯帝不知兵，也不按牌理出牌，只因袁的一次失误，就把本应信任不疑的封疆大臣给杀了，这是袁崇焕的运气不好。

皇帝有了处决令，魏忠贤心花怒放，但是他知道，这熊廷弼可不是一般人。熊廷弼在辽东镇守多年，颇得人心，部将衷心拥护，万一有个不听邪的，率死士前来劫法场，那就麻烦大了。于是，他让内阁议一个妥善的处决办法。内阁议来议去，也拿不出什么好办法——这个，最好就是不杀。

最终，还是魏忠贤的同乡、阉党内阁的黄立极，说了一句："半夜传旨，即能了结。"

这一句话点醒了魏忠贤，就是这个办法好！半夜下旨，也就意味着要立即处决，等不及天明，就要拉到西市去砍头。所以，只能秘密处决，干净利落。

大约在八月二十六日凌晨五鼓时分，有宦官手捧驾帖（提人手续），来到刑部监狱提熊廷弼。当时掌提牢的是刑部山东司主事张时雍，他睡眼蒙眬地一看来人就知道：熊廷弼今晚休矣！

张主事连忙叫来牢头，吩咐撒个谎，把熊老爷哄出来。

熊廷弼听说要他出去一下，心里立刻就明白：日子到了！

他从容起身，沐浴梳洗，换了一套干净衣服，把一份早就写好的奏疏，放在一个小布袋中，挂于胸前。这份奏疏，是一篇申辩文字，此外还有他对边防的一些建议。

忠心耿耿的人，死到临头也还是忠。国家固然是皇上说了算，但是国家并不等于就是皇上。天下的事，总有一种东西是永恒的，那就是青史。清浊黑白，瞒得了一时，大抵总瞒不过数十年！

熊廷弼雄才大略、正直一生，自信无愧于天地间。他抖抖衣服，稳步迈出了狱室。一出门，他就大声说："我是大臣，必当拜旨，岂能草草从事？"

牢头将他引至庭中，见到张主事和宦官，他还想说话。

张时雍抢先说道："芝冈（熊之别号），你失陷封疆，应得一死，还有什么话说呢？"

熊廷弼闻听此言，一怔，当下默然。

张时雍看见他胸前挂的小布袋，便问："袋中何物？"

熊廷弼答道："辩冤疏！"

张时雍冷笑道："大人没读过《李斯传》？不知'囚安得上书'？"

熊廷弼傲色不改平日，斜睨了张司官一眼："是你未读过《李斯传》吧，此乃赵高之语！"

张时雍一时竟哑口无言，稍后才回过神来，请熊廷弼将奏疏解下来，交给他暂时保存，天明后复命时，将为他代奏。

熊廷弼解下布袋，交给张时雍，同时轻喝了一声："拿笔来！"

接着，提笔书写了绝命诗一首。诗曰：

　　他日傥拊髀，安得起死魄？

　　绝笔叹可惜，一叹天地白！

诗的意思是说：他日若想重振雄风上沙场，一个死魂灵又怎能复活呢？绝笔之时，只叹可惜了一腔抱负，这浩叹能令天地失色。

——高山仰止，庸碌小人即便攀梯，又焉能及！

待绝命诗写罢，一掷笔，便从容就戮。

熊廷弼气概凛然，挺立不跪。刽子手无法，只好迎面而砍，一刀只及颈半，又慌忙从另一侧补上一刀，状极惨烈！

可惜，熊廷弼临终前写的辩冤疏，因张时雍怕事，没有递上去，而是偷偷毁弃了，未能流传下来。

天启杀了熊廷弼，仍不解气，下诏传首九边。

传首九边，又有何用？无非使将士寒心、仇敌欢跃而已！

从此熊廷弼身首异处，尸身弃于漏泽园（官设的丛葬地，专葬无主尸骨）。至崇祯二年（1629），才允其子收拾骸骨与头颅归葬。

熊廷弼归天后，正在前线御敌的袁崇焕闻讯，悲愤难抑，随即赋诗二首，哭熊经略。其诗句曰："才兼文武无余子，功到雄奇即罪名！"

是啊，功到雄奇即罪名。谁说古人都是愚忠呢，他们也能够看得清、看得透。

可是，看透了又能如何？

有个武弁（武官）叫蒋应阳，按捺不住，某日为熊廷弼喊冤。第二天，就有人在乱草丛中发现他的尸身，疑是被东厂诛杀。

太仓（今江苏省太仓市）进士顾同寅、生员孙文豸作诗，悼惜熊廷弼，也为兵马司缉获，被斩。

最令人切齿的，是"死者长已矣"，却又不让生者可偷生。

天启下令，将熊氏家属驱逐出京，不得在京居留。紧接着，又有阉党梁梦环蹦出来，诬告熊廷弼生前曾贪污军资十七万两银……

暗无天日之际，竟连一丝微光也不肯施与！

这长夜，何时是个尽头？

"丙寅诏狱"又起滔天浊浪

　　阉党用了四个多月时间，把东林党的标杆人物六君子从肉体上全部灭掉了，用以杀一儆百。就这，他们还嫌不够，为了给恶政搞一套漂亮的包装，魏忠贤还想从理论上做一番"正名"的勾当。

　　他耿耿于怀的，就是要给万历末年以来的"三案"彻底翻案。不把三案翻过来，东林党就永远是国家的功臣，那么打击东林党，岂不是反证了自己是坏人？

　　这个事情，其实在天启四年（1624）十二月就已开始启动。当月，御史周昌晋上了一道疏，攻击东林党在移宫案中危言耸听，以移宫而邀功。

　　这只是一个试探，因为要翻三案，最麻烦的就是翻移宫案，这里面直接牵扯到天启本人。如果说当年驱逐李选侍不对，那就等于说天启不该亲政，而应让李选侍垂帘听政，这岂不是否定了天启皇权的合法性？

　　可是天启在政治上基本等于白痴，他的批复，虽然没有否定早前移宫案的定论，但却痛骂杨涟、左光斗等人向来浊乱朝政。

这个效果，是周昌晋上疏之前就预见到的。他选的时机，正是杨涟、左光斗刚刚被逐的时候，天启对两人的火气正盛，此疏一上，必然会有批复下来——小臣虽微，但有时也可以左右皇上！

既然皇上说了，移宫案中的两个重要人物是一贯胡来，那么翻案就大有希望。

于是，到了天启五年（1625）二月，阉党正式发动了。由御史杨维垣出头，以比较容易翻案的梃击案作为突破口，公开翻案。杨维垣说，当年混进宫里棒打太子的张差，分明就是个疯子，跟李选侍无关。这一道疏，天启倒是心领神会，马上批复查处。结果，当年主持此案审查、现任刑部侍郎的王之寀，立刻被革职为民。

等到辽案爆发，对六君子的逮捕令下达后，魏忠贤认为时机已完全成熟，立刻决定在三案问题上发起总攻。四月初十日，给事中霍维华上疏，要求全盘推翻梃击、红丸、移宫三案的结论。

霍维华写的这道奏疏，平心而论，逻辑相当严密，即便是强词夺理，也是抓住了三案中一些悬疑问题做了一番文章。奏疏把刘一璟、韩爌、孙慎行、张问达、周嘉谟、王之寀、杨涟、左光斗、周朝瑞、袁化中、魏大中、顾大章等人全部牵连进来，逐一攻击。

天启患了健忘症，把移宫时对李选侍的恨与怕，已忘了个一干二净，此时只恨东林诸人。他看了奏疏，大为赞赏，马上派文书官把它送到内阁，让内阁票拟意见，并口头传达了他本人的意见："这本条议一字不差！"要求把刘一璟、韩爌、张问达、孙慎

91

行等五人削籍。

不料此时，阉党内阁表现出奇怪的态度，他们不仅不赞同，反而认为处理过当，当即写了揭帖（传单）论救，说："若以一疏而削五大臣，不论削得是否当其罪，也与陛下优礼大臣之道相抵触。"

真是奇哉怪也！阉党内阁居样不配合天启皇帝。那么，这其中的原因又何在呢？

这是因为，所削之人全是退职的重臣，其中有两个还是前阁僚，现任的内阁成员难免要兔死狐悲。他们本能地觉得：决不能让皇上开这个口子，否则说不定哪一天，自己也会同样在退休后被追究。

这是官场惯例压倒了党派利益。从这一点看，阉党也和东林党一样，并不是个组织严密的团体，而不过就是一伙利益相同、观点相近的官员罢了。他们的步调，并不总是完全一致。

天启见拗不过这伙大臣，就降旨对刘一璟等人姑不深究，下令把霍维华的这道奏疏交付史馆，如实记载。此外，对叶向高担任总裁编纂的《光宗实录》里的有关评价，也要修改过来。《光宗实录》就是天启帝的爹——泰昌帝，当皇帝一个月的起居记录，三案的缘起，跟这段历史密切相关。

天启下令修改《光宗实录》，原先在三案中获罪的人就等于已经平反，个个得到起复和晋升。那个在红丸案中因献药把皇帝给吃死了的李可灼，也跟着沾光，从遣戍地回家闲住了。

在梃击案中曾因隐瞒案情而获罪的岳骏声，也获起复，只是还要等待合适的位置。可是他老先生的官瘾太大，为了早些得到实职，就上疏再论梃击案，诬陷东林党人王之寀，在梃击案中逼供，勒索皇亲郑国泰二万两银，还将郑国泰之子郑养性驱逐出京，等等。

天启既然想翻案，对此的反应也就近于完全疯狂，把父子两代受郑贵妃家族欺压的前仇全然抛弃，恩将仇报，下诏让地方抚按对王之寀追赃，并准许郑养性回京居住。最重要的是，下令立即起用岳骏声。

——只要官到手，良心可喂狗。明朝那时候官场的风波，常常就因私欲而起。

最可惜的是王之寀。此时，他已从刑部侍郎退下，在家乡被捕，后又于天启七年（1627）解入镇抚司诏狱，最后死在了狱中。死的时候，离天启驾崩仅有三个月！

天启五年（1625）这一年，阉党除了不断打击东林势力之外，还一直在制造舆论。正月，魏忠贤为摧毁东林党的根基，鼓动阉党成员、兵科给事中李鲁生上疏，说假道学不如真忠义，请将京师书院改为"忠臣祠"，天启欣然接受这一建议。同年八月，阉党御史张讷又奏请毁天下讲坛，把三案惹出的乱子，全都归结于书院。

天启立即批复：将天下书院尽行禁毁，原主持东林、关中、江右、徽州四大书院的邹元标、孙慎行、冯从吾、余懋衡等人，无论生死悉数削籍。

到天启五年（1625）年底，经过一年的整肃，东林党被驱逐、削夺的官员已有二百人之多，阉党认为有必要对东林人士来一个名誉上的总清算。此前，阉党成员也各自搞过《天鉴录》《东林

93

点将录》等黑名单，但人数上差别较大，所列人名也有出入。为了统一步调，阉党由御史卢承钦出面，奏请将一切东林党人姓名、罪状，榜示海内，使其躲闪无地、翻案无期。

天启也很快同意了，用上谕的名义刊刻并张榜公示《东林党人榜》，共录有三百零九人。在当时，就有人将这个比作北宋的"元祐党人碑"。

党争起，国将亡。阉党是一伙利益至上主义者，只要我这一派的官做稳了，管他什么是非正邪？北宋末年的乱象，又在晚明重演了。

东林党既然被全面击溃，那就应该有一个法定的文件，把他们永远钉死，阉党中已陆续有人考虑到这一点。天启五年（1625）五月，吏科给事中杨所修奏请皇上，称翰林院应将与三案有关的奏章编辑成册，刊行天下。不久，又奏请仿照嘉靖年间御制的《明伦大典》，把三案全部奏章编辑成书，颁布天下。

当年嘉靖帝以藩王入继大统，异想天开要追封已死的老爹为皇帝，因此闹出一场"大礼议"风波。他干的这事于礼法不合，为了防人之口，就编了一部强词夺理的《明伦大典》，作为历史定案。

天启对这个建议没有明确态度。到九月，又有御史贾继春建议，杨涟等六人虽死，但受贿不过是小罪，他们的大罪在于结交王安，毁谤先帝，逼辱李选侍和皇八妹，所以应该把三案的档案公布，让后代都知道杨涟等人犯了什么罪。

天启这次同意了，但对于怎么编、由什么人来编，以及如何发行等事宜，都没有发话。

到天启六年（1626）正月，肃清东林党的行动告一段落，天启觉得，关于三案的历史定论可以拿出来了，于是发布特谕，说是为使天下万世无所疑惑，特命开馆编纂《三朝要典》，凡是那一时期的"公论"，都要予以保存；凡是"群奸邪说"，都要尽量摘录，再由史官加上判语，以昭是非。

编辑此书的总裁官，由顾秉谦、丁绍轼、黄立极、冯铨担任，全是铁杆阉党。其余副总裁官和编纂官，也大多是阉党。

阉党不仅精心挑选了负责官员，还认真筛选了誊写人员，不可靠的一律不要。顾秉谦第一次报上去的誊写人员名单，就被魏忠贤及其亲信团队查出，其中四个人有东林嫌疑，不仅未批准，还将这四个人削了籍。

此后，编纂事宜进展得十分神速，到三月底，全书编完。不过，崔呈秀看了看初稿，觉得问题还是没有讲透。初稿是从梃击案讲起的，他觉得要从"争国本"讲起，才能把万历年间的旧案完全翻过来，于是索性自己动笔，上了《三案本末》一疏，把这段历史重写了一遍，天启当即下诏准予采用。

至四月，又有工科给事中虞廷弼上疏，说有了这本官刻的《三朝要典》，以前私人搞的《点将录》之类，就显得太不严肃，应予废止。天启大概还没忘那个"托塔天王"的典故，马上就批准废止了。

六月十九日，万事俱备。天启亲临皇极门内殿，举行了《三朝要典》编成的进献仪式，召百官同来称贺。此书正本共二十四卷，送到皇史宬（皇家档案馆）收藏，副本由礼部刊刻，赠给百官并颁行天下。紧接着，十月开馆重修《光宗实录》。

这里要提一下，与修《三朝要典》相始终的还有一个插曲。就在这一年正月，刚开始修《三朝要典》的时候，阉党又抓了一个东林党人惠世扬。

惠世扬原任给事中，在梃击案和移宫案中，都是相当激进的一员。他还参劾过大学士沈漼，说他"交通客魏"，因此得罪了阉党，被罢免。天启五年（1625）九月，他不知怎么就被牵进了杨涟案，天启下诏，将他逮捕进京追究。到天启六年（1626）正月，被押送到京。

审他案子的是三法司的官员。那时，刑部尚书徐兆魁，刚被魏忠贤提到这个位置上才七天，决心好好搞一下，以报大恩。

都察院时任主官周应秋，也不是什么好货，是甘当魏忠贤"孙辈"的走狗，平时一有闲暇，就请魏忠贤的侄子魏良卿到家里吃炖猪蹄，人称"煨蹄总宪"。他对魏忠贤无比忠诚，有一次聊天，魏忠贤问他："你是江南人，为什么好粥啊？"周应秋这个江南人，听不大明白河北话，听成了"你为什么好竹啊"。当时，他没正面回答，打个哈哈就过去了。过后立刻写信给儿子，嘱咐把家中庭院的竹子统统砍光——魏忠贤的心思，可没法儿猜！

就这样一群东西把持三法司，会审的结果，不问可知。

惠世扬，命悬一线了！

会审大堂设在城隍庙，那时六君子已死，审官们根本没把惠世扬当回事，都想捉弄捉弄他，然后判个死刑就算完。

升堂后，河南道御史徐扬先，抢先问话道："你说过邵辅忠（由沈漼推荐加入阉党）是小人，现在看来，他是小人吗？"

岂料惠世扬早看清了形势，从容答道："你们高明，看他是君子；而我愚昧，故看他是小人。"

周应秋见话头不对，就接着问："你说，徐大化、孙杰是不是好人？"

惠世扬说："是好人。"

周应秋便紧逼道："那为何要参劾他们？"

惠世扬答道："这正是犯官的愚昧处，此罪该死，我情愿死！"

这几个狗官升堂，不问案情，胡诌八扯，原想消遣消遣惠世扬，却不料被惠世扬一通含沙射影地挖苦，不禁大怒。

他们喝令衙役，重打二十五大板！待一顿板子打完，几乎把惠世扬打死。打完后也不审了，把人关起来，几个人就七嘴八舌地把判词写好了。他们揣摩好了天启的心理，干脆把惠世扬也窜入移宫案去处置，说他结交王安，大恶备矣，应处斩刑。

天启和魏忠贤对这份判决书相当满意，但魏忠贤并不想马上把惠世扬砍头，想等到《三朝要典》和《光宗实录》都修好后，再拿惠世扬来祭旗，以图个圆满。

惠世扬从这时候起，就蹲在大狱里等死了。哪知道，还没等《光宗实录》重修完毕，天启就一命呜呼了。忙乱之中，阉党竟然没顾得上杀惠世扬。

真是九死一生啊！后来，这个惠世扬在崇祯朝的官做大了，一直当到了副都御史和侍郎。

编纂《三朝要典》，把东林君子说成是狂悖小人，把谄媚之徒说成是磊落之士，这得有唾面自干的厚脸皮才做得下去。在阉党精心挑选的笔杆子中，也有良心未泯的士人，他们觉得实在是干不了，这样的精神阉割，比真阉也好不了多少！

比如副总裁、礼部尚书姜逢元，他是一位大书法家，因与东林无涉而被选中。在修书期间，他每每搁笔而叹。这个情况，被迅速密报上去，魏忠贤朝闻而夕逐，令他回家闲住了。这还算不错的，好歹没丢命。

还有编纂官杨世芳、吴士元、余煌等，也都尽力隐瞒一些东林党人的奏疏内容，或匿其本义，或删去甚多，以免给其带来更大的祸患。这样做，也等于把脑袋别到了裤腰带上，非常危险。但不这样做，他们良心受不了，因为——人不能无耻到这种程度！

但阉党当中，绝大部分都是不要脸的人，他们既迷信文字的力量，也迷信谎言重复几代人就成了真理，所以才坚持要以钦定的形式，来敲定东林党一案。

当然，从另一方面来说，他们还有仅剩的一点廉耻——毕竟想到的是身后名声。不管当世做得有多卑鄙，总还想留个清名给后世，以免儿孙因为祖宗而蒙羞，这恐怕是制约阉党作恶的唯一道德羁绊了。

《三朝要典》一出，似乎是可以光耀后世了。可是，魏忠贤想不到：强势者虽能扭曲历史，但却无法书写历史。好与不好，青史之名怎样，不会依据炮制的文字，而仅仅在乎人心！皇皇《三朝要典》，想做的是千秋文章，而实际的寿命只有一年多，随着天启的驾崩，立刻变成了废纸万张。

——咦！都不过是大梦，大梦而已！

魏忠贤害死了东林六君子，让天下缄口、万民战栗。那么，他的杀心是否就收敛了一些呢？没有！

这家伙杀上了瘾，像是领略到了生杀予夺的快感。

到天启六年（1626）二月，六君子的血迹还未干，在魏忠贤的一手策划下，又兴起大狱，下诏将东林党人周宗建、缪昌期、周起元、周顺昌、高攀龙、李应升、黄尊素七人，逮入诏狱。

因为这一年是农历的丙寅年，所以此次大狱史称"丙寅诏狱"。又因为被祸的是七个人，所以也称"七君子之狱"。

这一批七君子，也是私德上无可挑剔的人，而且到了这时候，东林方面已完全偃旗息鼓了，他们是怎样撞到魏忠贤刀头上的呢？

因为魏忠贤贼人胆虚，太过敏感了，生怕被正直之士伺机掀翻，所以，因一个莫须有的传闻，他又开了杀戒，顺便把以前的老账也一并清理掉。

引燃此事导火索的，是一位比魏忠贤资格老得多的大太监李实。这位李太监，是北直隶保定府雄县（今由雄安新区托管）人，万历六年（1578）就进了宫，比魏忠贤早十一年。他是泰昌帝常洛当太子时的伴读，根儿很正。一到了泰昌元年，就顺理成章升任司礼监秉笔太监，同时兼掌御马监。他是泰昌帝身边的大红人，不比王安的分量轻多少。

但是此人粗鄙，不识字，因此泰昌帝一死，也就坐不稳中枢的位置了，被调到江南任苏杭织造，负责管理官营的纺织作坊，常驻苏州，同时也算是皇家在江南的一个眼线。这也是个大大的肥缺，不算辱没他。李实的资格很老，并非魏忠贤的手下，两人的关系是井水不犯河水。

此人的名誉倒不是很坏，但是手下有两个管家樊得和孙升，都是贪得无厌之徒。他俩常以李实的名义搜刮民财，随意增加织造定额（好给自己发福利）。

明朝末年，江南的纺织工业之盛，远远超出了今人的想象，为当时世界上所罕见。好端端的江南，给这两个小人物一搅，就不得安宁了，闹得四处民怨沸腾。

时任苏州同知兼代理知府杨姜，因为这个事，对李实很不满，也不大去逢迎。李实见他不礼貌，就找了个碴儿，参了他一本。

此时，恰逢新任应天巡抚周起元到任。周起元对李实这么干也很不满，就上疏为杨姜辩护，指责李实。李实立刻反弹，干脆诬告杨姜犯了法，给逮了起来，双方就此结怨。

这件事说明，李实跟有的东林党人，关系是很僵的。

但是，他也很敬佩另外一些东林党人。据说，黄尊素被罢后，回到家乡余姚，没事就常到牟山湖上去玩。李实曾经慕名前去拜访，可是黄大人不肯见。李实知道自己不够格，也就算了。这事情传到民间，就演变成了黄尊素经常与李实在湖上来往。

武宗时大太监刘瑾专权，廷臣刘一清为了干掉刘瑾，就联络皇帝很信任的另一个太监张永，一举除掉了刘瑾。民间传闻就以此事为例，演绎开来，说黄尊素正是想效仿前朝事，借李实之手干掉魏忠贤。

空穴来风，其源有自，估计这是恨魏忠贤的人合理想象出来的。谣言传入京师，魏忠贤顿觉心惊肉跳——巩固自己的专权，就是要防微杜渐啊！他立刻委托正在南方出差的刑部侍郎沈演，就地访听一下。这个沈演，是阉党盟友、前大学士沈潅的弟弟，立场上当然靠得住。

结果沈演回话说：有这事。

魏忠贤急了。这还了得！李实是先帝宠臣，瘦死的骆驼比马大，他要是和东林党人搅到一起，还不够危险吗？于是立刻派出几批亲信，火速赴江南暗访，务必查个水落石出。

这期间，李实的司房（负责誊写文书的宦官）正在京城办事，得知了消息，大吃一惊，赶忙跑去向阉党核心成员李永贞求助。

李永贞是他的熟人，给他出了个主意，说魏公公起了疑心，可不是好事。为了避免嫌疑，就请你们李公公出面，参黄尊素和其他几个东林党人一本，不就证明李公公清白了吗？

司房问：要参哪些人？

李永贞一个个给他数，说了七个人的名字。

司房救主心切，觉得这主意好，就央求李永贞给代写个奏疏稿。李永贞觉得此事也没什么不妥，就一口答应，并很快写好了。

那司房来做这事，恰好是近水楼台，他身上就有盖了李实大印的空白奏本，当下拿出一份，三下两下将稿子抄上，顺便就呈进了宫里。

这个小角色，也来不及跟主子请示一下，就干了一件惊天动地的大事。

这件事，在《先拨志始》《三朝野记》《启祯两朝剥复录》上的记载，都差不多。但也有另外一种说法，说是魏忠贤的爪牙天天去李实家里，数落李实不该跟黄尊素来往。李实百口莫辩，就派人去京城，向李永贞和崔呈秀求情，结果是崔呈秀出的主意并代笔写的参奏稿。

从后来的情况看，崔呈秀应参与此事。崇祯初年，法司追查这件事，认为李实以片纸杀了这么多忠臣，拟以大辟（砍头）之刑。但是崇祯帝觉得，这事儿不能怪李实，李实的疏上有用朱批修改的墨迹，实属魏忠贤的心腹所为。经过一番折中，后来李实未定死罪，而仅仅被革职充军。

不管怎么说，这道疏一上，天启又发了雷霆之怒。于二月二十五日下诏，由锦衣卫将七人逮送来京，此外，又让李实安心供职，没他什么事。

这个诏书，可能也是核心团队代拟的，还不忘安抚李实一下。

这七个人是怎么得罪了阉党的呢？在这里简要说一下。

周宗建，字季侯，号来玉，南直隶苏州府吴江县（今苏州市吴江区）人，万历四十一年（1613）进士。他少小时听人讲杨继盛故事，感到由衷钦佩，曾叹道："继盛不死！"

他从知县干起，后任监察御史。在客、魏刚刚联手的时候，就上疏弹劾过这两个家伙，且语言特别激烈。说客氏赖在宫里，恋上不舍，将何为乎？把天启也给敲打了一下。又说魏忠贤目不识一丁，皇上把他留在身边有何用？这道奏疏，把魏忠贤气得发疯，在文华殿指着奏疏上"目不识一丁"一句破口大骂，声音之大，连天启都给惊动了。

这两次，周宗建都险些受杖刑，多亏众臣和叶向高极力维护，才得以免。他也因此名动天下，谁都知道他胆大，敢说话。

天启三年（1623），他又上了《清宫禁绝祸本》一疏，再次攻击魏忠贤，说现在"权珰"和言官互相借重，罢斥忠良；又说当今内有魏忠贤为之指挥，旁有客氏为之羽翼，外有刘朝为典兵示威，又有小人蚁附蝇集，内外勾结，驱逐善类，天下事怎么得了？

魏忠贤看了这道疏，又怒又怕，带领刘朝等喽啰，跪在天启面前大哭，请求剃光自己的头发以示请罪。天启被激怒了，又要打周宗建的棍子，由于阁臣力争而作罢。

在周宗建最后出任湖广按察使时，弹劾了冯铨的老爹冯盛明，冯铨由此对他怀恨在心。后来，冯铨的门生、工部主事曹钦程，投效了阉党，诬告周宗建、李应升、黄尊素等贪污，魏忠贤立刻矫诏，将这几人削籍，还命令阉党巡抚毛一鹭，负责对周宗建追赃。

到了眼下这时候，魏忠贤嫌追赃的进度太慢，又没抓周宗建，索性就把周宗建列入李实空印奏疏，给他安了一万三千五百两"赃银"，逮进京城来整治。

七君子的第二名，缪昌期。他少年多才，成年后更是才名满天下，与顾宪成是忘年之交。四方学者都慕名而来，向他讨教，搞得他家门庭若市。遗憾的是他科场不大顺，一直到万历四十一年（1613）才中进士，庶吉士毕业后，为翰林院检讨。

天启元年（1621），缪昌期到湖广主持考试，出的试题是论赵高和仇士良。赵高不用说了，是秦代赫赫有名的大宦官。那么，仇士良是何许人？他是唐代文宗时期著名的"宦竖"，历任内外五坊使、左神策军中尉等职，专横跋扈，其权力之大，能把皇帝当傀儡。唐文宗不甘受制，与两个不成器的小人物李训、郑注谋诛宦官，因计划不周，未能成功，这就是史上著名的"甘露之变"。

事变后，仇士良借机大肆屠杀朝官，操纵朝政二十余年，前后共杀二王、一妃、四宰相。以至唐文宗自叹受制家奴，郁郁而死。

出题让考生来骂这两个阉宦，无疑是影射当朝的魏忠贤。从此魏忠贤就记住了这笔账。

后来，魏忠贤在京城西山为自己造墓，听说缪昌期的书法写得好，又有文才，就请缪昌期给写个墓志铭。当时缪昌期要是写了，大概过去指桑骂槐的事也就烟消云散了。可是，几次请托，缪昌期一点面子不给，魏忠贤就彻底把他打入了黑名单。

叶向高离职后，东林党要员纷纷被逐，每次继任的首辅韩爌都要上疏挽留。韩爌并非东林党，这样做无非是出于公心。阉党们理解不了，就怀疑是缪昌期在后面搞鬼。东林党人赵南星、魏大中、杨涟、左光斗等人被罢后，门庭冷落，谁也不敢靠前，只有缪昌期不忌讳，常去走动走动。诸君子离京时，他也要去送。

有人劝缪昌期就不要去送了，少惹事为好。他正色道："人被逐，可不送乎？"明知东厂的人就在一旁盯着，他也不在乎。

这就注定了魏忠贤对他，必欲除之而后快。

当时有人推荐缪昌期去南京当翰林院的院长，魏忠贤不准许，派小宦官到内阁去，扯着娘娘腔大喊："就留缪昌期在京师送客吧！"缪昌期知道朝中是待不住了，上疏请求退休，魏忠贤偏不让他体体面面地走，矫诏将他罢免，后又革职。这次抓他回来，给他安了三千两的"赃银"。

第三个，周起元，字仲先，号绵贞，福建海澄（今漳州市龙海区）人，万历二十九年（1601）进士。他为官清廉，除了书籍别无长物。自己的一点儿薪俸，也都尽量拿来资助地方教育。周起元从知县干起，历任中央和地方的监察官员。天启三年（1623）

为太仆少卿，不久又升任右佥都御史，巡抚苏松十府，官职相当高。

他是一个非常能干的官员，声望也极高，曾为杨姜辩冤，弹劾李实在江南的种种劣迹，搞得李实也不得不有所收敛。

但是，他这么做惹到了魏忠贤——打击宦官，就是不行！周起元就是这么得罪阉党的。不过，这还仅仅是得罪，尚不至遭祸。

这时候有个小角色——兵科给事中朱童蒙，出面弹劾东林元老邹元标聚众讲学，但弹劾未果，反而在天启三年（1623）京察时，被外调为苏松兵备道，成了周起元的下属。

朱童蒙丢了在京城的好差事，恼羞成怒，到了苏松地方，就拿老百姓撒气。每次外出，动不动就鞭打行人，打得人头破血流、皮开肉绽。周起元大怒，准备参他。朱童蒙也知道这官儿是做不长了，就声称有病，弃官逃跑了。周起元岂能让他就这么跑，立刻上疏，弹劾他庸鄙无才，只知敛财。

奏疏到了阉党团队手里，他们还记得这姓朱的参过邹元标，就有心抬举他，而要搞垮周起元。最后，天启下诏，不准朱童蒙告病辞官，而是调到京城来做部院高官。周起元则得了个"排挤正人"的罪名，被削职为民。

巡抚参一个小小的属官，不仅没参倒，反倒是属官连升几级，自己被罢免。这样的事例，在大明朝几乎绝无仅有。

这次抓周起元，阉党给他安的罪名是说他在巡抚任上贪污国库银十万两——魏忠贤在陷害这一点上，已然是炉火纯青了。

第四位，周顺昌，字景文，号蓼洲，南直隶苏州府吴县（今苏州市吴中区、相城区）人，万历四十一年（1613）进士，曾为福州推官（审判长）。他的故事，我们前面已有所涉及，就是在魏大中被捕进京途中，在苏州盛情款待魏大中，并与魏结为亲家的那一位。

周顺昌疾恶如仇是出了名的。先前在杭州任司理（法官）时，到任的当天，同僚设宴接风，席间有艺人演出，演的是岳飞故事《精忠记》。演到秦桧和他老婆商量怎么设计陷害岳飞时，周顺昌按捺不住，飞步上台，揪住演秦桧的艺人就是一顿痛打，令众人目瞪口呆。

天启初年，他曾任吏部文选郎，后辞官。在六君子案之后，魏忠贤的义子倪文焕挟嫌报复，上疏弹劾周顺昌"与罪人婚"，还诬告周顺昌在吏部选官时受贿太多，回乡时连船都压沉了。

其实周顺昌辞职后，是经河南从陆路回家的，并没有走运河，哪来的什么船？知情者无不痛斥倪文焕瞎编。但魏忠贤不管这诬告有没有"硬伤"，借机削了周顺昌的职。

在苏松巡抚周起元被罢后，周顺昌正在家闲住，写了一篇《赠周公罢归序》，为周起元鸣不平，顺便还讽刺了一下继任的巡抚毛一鹭。毛一鹭读了这文章，气晕了，发誓要找机会报复，这次的事就与他大有干系。

周顺昌当初在送别魏大中的时候，曾当着缇骑的面，指名道姓大骂魏忠贤。敢这么干的人，那时已是天下罕见，魏忠贤于是就把他记住了，此次就是要算总账。

第五位高攀龙，字存之，号景逸，南直隶常州府无锡县（今属无锡市）人，万历十七年（1589）进士。他当过一段时间的御史，因为触怒当时的阁臣王锡爵，被贬官后因亲丧回了家。他和顾宪成一道发起东林书院，从者甚多。居家三十年，大臣多次举荐，但万历帝都不起用，一直到万历四十八年（1620）才出任光禄寺丞。前面已经说过，他曾经弹劾崔呈秀在淮扬一带贪赃枉法，吓得崔上门去给他跪下，请他放手，但被他严词拒绝。

崔呈秀就因为这事转而投阉党，并立即实施报复，攻击高攀龙和赵南星等朋比结党，高攀龙被迫挂冠而去，不久又被削了籍。这次阉党抓他，是因为崔呈秀还嫌不解气，把他的名字窜入了李实空印奏疏，并入周起元一案。

第六位李应升，字仲达，号次见，南直隶常州府江阴县（今江苏省江阴市）人，万历四十四年（1616）进士，任南康府（今江西省庐山市）推官，秉公执法，昭雪沉冤，被当地军民视为包青天再世。天启三年（1623）升任御史，曾上疏指责魏忠贤滥用立枷。此立枷重三百斤，受刑者活不过几天，前后枷死六十余人。他建议，应罢魏忠贤东厂之职。此后在万燝被杖死、林汝翥被刑杖、魏大中被捕的事件中，他都公开跟魏忠贤作对。

崔呈秀被高攀龙弹劾，奏章就是李应升起草的。当时崔呈秀求不动高攀龙，又跑去李应升的住所，给李下跪磕头，乞求高抬贵手。李应升没答应，只说："此事要交付公论，不敢私了。"

天启五年（1625）三月，崔呈秀唆使党羽诬告李应升，李因此被革职。六君子死后，李应升悲痛欲绝，设牌位祭奠，自然也成为魏忠贤的眼中钉。

第七位黄尊素，字真长，号白安，浙江绍兴府余姚县（今浙江省余姚市）人，万历四十四年（1616）进士，天启二年（1622）任御史。在杨涟上疏弹劾魏忠贤二十四大罪之后，他也曾上疏弹劾魏忠贤，言辞相当尖锐。

在杖责万燝、林汝翥的事件中，有一次，众大臣在内阁中争论处理办法，魏忠贤派了几百个小宦官到内阁肆意辱骂，内阁辅臣无一敢吭声，唯有在此议事的黄尊素拍案而起，高声喝道："内阁乃国家重地，即便司礼监太监，不奉旨也不能来，你们要干什么？"众宦官慑于他的威严，才乖乖退去。

黄尊素不仅敢干，也很有深谋远虑，曾经劝邹元标，京师不是讲学之地，易惹是非；劝杨涟若没有太监做内援，就不要发起总攻；劝魏大中不要攻魏广微太急，以免他去投阉。但是东林的这些要人，都没有听他的劝告，否则的话，东林党的处境不会恶化得这么快。

魏忠贤在第一次逮住汪文言的时候，就想牵出一批东林党来，结果黄尊素向管镇抚司的刘侨打了招呼，给搅了局。魏忠贤从那时候起就发誓要灭此人。

这些还都是旧账，现在又加上与李实湖上密谋，那还得了？所以黄尊素也难逃此劫。

魏忠贤在前一年切瓜砍菜般地灭掉了六君子，没见天下有什么抗议和反弹，所以这次底气很足。有崔呈秀出主意，抓着李实这个冤大头，一口气就可以再灭七个。

天启发了话以后，锦衣卫缇骑就大批南下去抓人。因为周宗建和缪昌期在圣旨下的时候，就已另案被逮，正在押解途中，所以这次要抓的是五个人。

奉旨抓人，那还有什么好说的！我叫你三更死，你就不能五更亡。什么天理、人心、良知，恶人们心里哪怕存着其中的一点点，国家怎么会到这步田地！

可是，从大阉到小阉，还有那憋着劲儿想去犯官家里敲诈勒索的缇骑，都把事情给想简单了。

——百姓真的是老牛吗，任你鞭笞而无知觉？

——人心真的只是狗尾巴草吗，任你践踏而无声息？

错！

魏公公，皇帝可以被你蒙蔽，但百姓绝不可能被你愚弄。

他们有知觉，要发声。他们要让你明白：若想一万年的永固，那得看人心的向背！

苏州民变吓破了缇骑的胆

魏公公自天启元年（1621）以来一路顺风，打击正直的官僚势如破竹，还不知道人民有多厉害。

此刻他在京城一声吼："抓人！"其效果有如山摇地动。锦衣卫掌堂田尔耕不敢怠慢，当下派出张应龙、文之炳等一共六十名旗校，出都门，昼夜兼程。

此行江南，油水大乎？

这六十人的心中，萦绕的大概都是这个问题。

可是他们忽略了，江南文明程度高，又是当时世界上手工业最发达的地方，市民社会已相当成熟。此地山高皇帝远，文明程度又高，孔孟之道中的民本思想，也就渗透人心，与京中情况不大一样。这也不奇，市民社会发达，舆论就具有相当独立的立场。

缇骑们只以为江南是柔弱地，一鞭子就能把人给打老实了，他们忘记了这里自古也是出豪侠的地方。去年缇骑在湖北、安徽等地抓六君子的时候，江南一带就民情汹汹。不过那时人们还有幻想，以为六君子终究能洗清冤屈，或者迟早能够生还。他们没闹事，是不愿给六君子添麻烦。

今年可就不同了。这回要抓的五人，除了周起元、黄尊素之外，其余三人都是苏州、常州人。缇骑下江南，要来抓清清白白的东林党，这本来就令江南士民义愤填膺。再者，以去年为例，江南士民这次全都知道了：几位大人一被抓去，就绝无生还的希望！

这究竟是什么世道？

一面是倒行逆施的阉党权贵，一面是正直清廉的下野官员，民心靠在哪一边，那是想也不用想的。

因此，当十天之后，消息一传到江南，士农工商无不愤慨异常！

六十名缇骑，以为手捧圣旨就可以所向披靡了。他们此时知不知道，在江南等着他们的有百万之众？显然是知道的。但是，狗腿子们眼睛里从来看不到有人民。

这些民众，吃什么喝什么，爱什么恨什么，与大明朝有何关系？爷只按圣旨办事！

——他们这一脚，可就真正踏入雷区了！

惹出大乱子的地方，是在他们没大瞧得起的周顺昌的家乡。

周顺昌官不大，也没什么钱，辞归后家中只有几间破屋，但是在苏州当地却深得民望。乡中百姓有冤，或者郡中有大事，大家都来请他主持公道。

缇骑出京后，周顺昌自知不免，早已有思想准备。

三月十三日晚，好友殷献臣的两个儿子前来拜访，周顺昌一向喜爱这两个年轻人，当夜留他们做彻夜长谈。周顺昌聊到了宋代朱熹的事，说："朱子尚不能免被人排陷，何况我呢！"又聊到《文天祥传》，为两个小友详细讲解，并以古今第一完人文天祥自勉。

三月十五日傍晚，缇骑到达苏州。亲友们闻讯，都来到了周家，人人面带悲戚。

周顺昌却很坦然："我知道诏使一定会来，你们都不要效楚囚对泣。"他叫过长子茂兰，叮嘱道："家无余财，倒省得你们兄弟经营了。将来要勤于读书，安于清贫，无损清白家风，我自是虽死犹生！"

夫人吴氏当场哭得昏死过去，几个儿子也跪地大哭，声闻四邻，但是周顺昌仍神态自若。

人生固然有无数悲哀，但只要死得光荣，也就不算是最悲哀的了。

——前面有千秋的《指南录》，后面就有万代的文天祥！

傍晚时分，吴县知县陈文瑞带着公文来到周家。他是周顺昌在吏部时一手提拔起来的，对周的为人一向敬重，来的路上，一路痛哭不止，泪水将衣襟都湿透了。

周顺昌听说知县到了，立刻换上待罪的囚服，出门迎接。随同来的衙役，上前一把逮住周顺昌，被陈文瑞厉声喝住。

陈文瑞与周顺昌相揖之后，走进门，请周大人料理一下家事，然后跟他去县署候命。

周顺昌说："无事。"

他的妻舅吴尔璋问："你难道就这么悠然长往了吗？要不要留下几句话？"——这是生离死别啊！

112

周顺昌说："没有什么事可乱我心怀。"

他见桌上有一块牌匾，猛然想起："我答应给龙树庵的僧人题字，今日不写，有负诺言。"说罢，提笔写下"小云栖"三个字，字大如斗，酣畅淋漓！

写罢，掷笔而起，浩气满怀道："此外，再无一事了。"

当晚，陈文瑞就在周家陪同了一夜。到了夜深时分，周顺昌对陈文瑞说："大人在舍下，无以招待，歉甚！"他让家人熬了一锅粥，请陈文瑞吃。陈文瑞不便拂其好意，但是如何能咽得下，只是垂泪。在场亲友见了，也都泪落如雨。

如此过了一夜，十六日黎明，周顺昌拜别了家庙，随同陈文瑞前往巡抚衙署。分别的那一刻，儿子牵衣不舍，阖家号啕，独周顺昌一人意气自如。

因为他在当地为百姓办了不少好事，因此在前往巡抚衙署时，百姓都想来瞻仰风采，士民拥送者不下数千人，周家门前的街上，到处人山人海。

朝廷要逮周大人的事早已传遍郡中，即便穷乡僻壤的农民，也连夜赶来，聚集在巡抚衙署的门前，要看看"周吏部"。从十六日起，每天必逾万人！

苏松巡抚毛一鹭，根本没想到会有这样的阵势，吓得胆战心惊，生怕出事，就让陈知县赶紧给周顺昌换个地方。仓皇中一日几易其地，且明令不许百姓聚集。

但是官府说不出个名堂来，老百姓怎能听你的？苏州城内众口一词，都在发问："周吏部清忠亮节，何罪而朝廷逮之？"

听说周大人被转移到了吴县县衙，老百姓又前往县衙，在门前聚集不散，至夜才归。次日天明，复又聚集。这样的场面，从三月十五日一直持续到十八日，全城惶惶不安。

缇骑计划在城中歇两天，于十八日开读圣旨，读完了人就要带走。滞留的这几天，是他们向犯人家属索贿的时间。

这帮家伙对已达临界点的民众情绪视而不见，按照惯例放出话来："不送钱来，则周某途中不保，纵然他是枉死，谁又敢去告御状！"

恶奴们向来就这样直来直去，免了假仁假义。

然而周顺昌是清官一个，哪里有什么钱？他身上只有七钱银子。日前，又把其中三钱资助了朋友，此时袖中只有四钱银子。

面对缇骑的勒索，他厉声叱道："七尺之躯，今已交给你辈，即使不送一文，能奈我何？"

不过，他的好友杨惠庵还是怕缇骑在途中加害，私下里发起募集钱款，以备打点这帮恶狗。

苏州城内一些士民闻讯，纷纷慷慨解囊。有穷帮工的预支了工钱，有小贩把自己的旧裤子也典当了，都聊表心意，总共凑得了一千两银。

缇骑们见稍一吓唬就来了银子，好不高兴！便得寸进尺，索要得更多，不然的话还是途中不保！

缇骑的话传开来后，全城群情激愤，道路喧哗，到处都在议论这事，古城犹如一座一触即发的火药库！

有个平素对周顺昌怀有怨恨的衙役，不知道深浅，在大街上对人说："痛快，不想周爷也有今天！"

话音刚落，就有人一把揪住他头发，怒问道："众人皆怒，何以你独痛快？说！"

围观群众一拥而上，拳打脚踢，险些没把那衙役打死！

这是山雨欲来的前夕……

十七日，前来县衙探望与声援周顺昌的士民，比前日更多。周顺昌出来，对大家侃侃而谈。

看着周吏部平和的神态，听着他那中正的议论，众人无不泪下。

自从缇骑一来，苏州商户就开始罢市，抗议抓人。老百姓痛恨缇骑头子张应龙、文之炳，但一时没人敢率先发作。

商人之子颜佩韦，家资丰饶，为人慷慨豪侠。他挺身而出，手执焚香在全城漫游，边走边哭喊："欲救周吏部者，从我！"他的好友马杰，也敲着梆子大声呼喊，一时执香从者多达万人。

苏州士民或议论，或流泪，或大骂，全城舆论已经炸开了！

诸生（指已入学的生员，即秀才）王节、文震亨、刘羽仪在一起商议道："人心怒矣！吾辈读书人应去谒见抚按两台，请他们制止缇骑，缓解众怒。"他们又出面劝说群众道："父老勿过激。过激，只能加重吏部之祸。"士民们也同意有所约束。

这天日暮之后，一群好友前来县衙陪伴周顺昌。陈文瑞特地备了一桌酒席，周顺昌考虑到陈文瑞的身份，不想给他惹麻烦，就坚持不让他作陪，只与朋友们一起饮酒。

席间，周顺昌慷慨谈生死，气概绝伦。他对诸友说："我即使不能像古代禅师那样，把临刑就义视为剑斩春风，但也决不乞怜苟免。审讯之日，我必骂鼠辈矫诏擅权，死了也要去太庙向二祖列宗（指明朝开国以来各皇帝）陈诉，以诛此贼！"

酒酣耳热之际，大家又讲到朝政日非的现状，不禁都激愤起来，觉得国家没有希望了。周顺昌却不气馁，说道："先朝权珰如汪直、刘瑾辈，依附者众，看似燎原之火，然而一朝便扑灭。魏阉亦不会长久，只是我不能亲见其覆灭而已。"

说罢，索笔将旧作七律两首题于扇面上，诗中曰：

云霄事业看雄剑，吊古惟应问烈夫！

其心志、其节操、其胸襟，直追前贤，足以愧煞千百贪鄙之徒！

三月十八日，预定的圣旨开读之日。苏州城内，民众倾城而动，来到县衙送周顺昌前往西察院听旨。时逢大雨，但不期而至者竟有几十万人，每人手执香火，焚烟如雾。街道两旁，只见拈香点点如列炬。

中午时分，周顺昌被押出。一路上，百姓夹道而送，哭声震天，不断有人高呼："愿救我周爷！"

由于道路拥挤，巡抚、巡按、苏州知府、吴县知县的大轿都难以前行。

西察院此时大门尚未打开，这里早已是人山人海。西察院的衙署紧邻城墙，不少人就爬到城墙垛口上，上下遥相呼应，喊冤之声震天。

全城的诸生五百人，身穿公服，在门口列队，准备向巡抚和巡按请愿。

周顺昌目睹此景，为之动容。他四面作揖，请众人散去，但却无一人离开。

不一会儿，巡抚毛一鹭、巡按徐吉的大轿到了，百姓纷纷执香伏地，呼号之声如奔雷泻川！

毛一鹭命令打开大门，民众便趁机蜂拥而入。

这时，只见堂上已摆好宣读圣旨用的帷幕仪仗，锦衣卫校尉侍立一侧，虎视眈眈。堂下犯人下跪的地方，摆着镣铐和枷锁。

诸生王节、杨廷枢、刘曙、郑敷教、刘羽仪、文震亨等一干人，走出人群，含泪向两位大人进言："周吏部清忠端亮，众望所归。一旦触犯权珰，遂下诏狱。百姓怨痛，万心如一。明公为天子重臣，何以慰汹汹之众，使事态无崩解之患？"说罢，诸生皆失声痛哭。

周围民众也齐声喊道："周爷若死，民亦不愿生！"

毛一鹭惊恐异常，良久才说："圣怒如此，奈何？"

诸生中立刻有人说："今日人情如此，明公独不为青史计乎？何不据实上奏，请皇上开恩，周吏部不必押解京师，请抚按就地勘治。"

毛一鹭只得回应："好，好！"

此时又有人说："今日之事，实乃东厂矫诏，且周吏部无辜，不过是话说多了而遭祸。明公若恳切上奏，如幸而事成，即是明公不朽之事。就算不成，而直道犹存天地间，明公所获名声亦大矣！"

这边正在交涉，那边缇骑却等得不耐烦。他们在京城骄横惯了，不察民情，便交头接耳道："这群人图的什么？"

只见人丛中有两人奋力挤出来，跪在地上不起。一位叫杨念如，是成衣店老板；另一位叫沈扬，是市场经纪人，这两人此前都没见过周顺昌，只是久闻其名，心中感佩。他俩哭诉道："大人不答应，我们不起。"

带领众人请愿的马杰，按捺不住，在人群中高声痛骂魏忠贤为"逆贼"！

锦衣卫校尉见哭哭啼啼个没完，来了狗腿子脾气，蹿出来用棍棒打伤了沈扬。周顺昌的轿夫此时也在人群中，自听说主人被逮的消息后，痛哭了三天三夜，米水未进，此时见校尉如此没良心，怒从心头起，上去就要抢夺校尉的棍棒，结果被校尉打伤了额头。

缇骑首领文之炳，见众人居然敢阻挠执法，勃然大怒，大骂道："东厂逮人，鼠辈敢如此！"说着，把一副镣铐掷于地上，大呼道："囚犯安在？速押上槛车，送东厂！"

在明朝，执法机构东厂和锦衣卫并非一回事。东厂由太监掌管，锦衣卫由政府节制。东厂势力远大于锦衣卫，有权监视亲王、国戚、阁臣和全国军民。在京城提到东厂大名，连首辅大臣也为之胆寒。文之炳这么说，既有冒东厂之名压人的意思，也是暗指抓人是出于东厂头头魏忠贤之命。

他这是犯了经验主义错误，苏州不是京城，百姓不是官僚，草民又不想加官晋爵，他们服气的是好官，不服的是恶政。东厂之名，臭遍天下，不提便罢，一提那还得了！

文之炳的这两句话，无异将一粒火种扔进了巨大的火药库。

众人闻言都怒不可遏，纷纷喊道："我们还道是天子之命，原来是东厂呀！"

请愿领袖颜佩韦，高声质问道："你说东厂逮官，难道此旨是出于魏监吗？"

校尉们哪见过敢对魏公公这么不敬的，不由厉声叱道："大胆，剐了你的舌头！旨出东厂又怎么样？"

颜佩韦再也压不住火，他回望身后千万人，举臂而呼："我辈还当是天子下诏！他东厂何得逮官，分明是矫诏。打啊！"说罢，从人丛中一跃而出，劈手夺过缇骑手里的棍子，抢起来就痛打文之炳。

打！打！打！马杰、沈扬、杨念如、周文元四人也发了一声喊，一起冲上前去，痛揍这些穿着"飞鱼服"（二品赐服）的王八蛋。

百姓早已忍无可忍，随即一拥而上，势如山崩海啸！堂堂察院衙署，顷刻之间栏楯俱断。

砸这些狗日的！众人纷纷脱下木屐（木拖鞋）向堂上甩去，瞬时密如矢石。

匹夫之怒，亦能翻天！

缇骑平日里欺压百姓惯了，哪想到百姓也敢公然抗法。一怔神间，个个被砸得头破血流，鬼哭狼嚎。

众缇骑见势不好，各个抱头鼠窜，有的逃进厕所里，有的攀到房梁上，有的躲进花丛中，但都被民众搜了出来，一顿暴揍。

当民不畏死之时，缇骑的威风瞬间就化为乌有。这些平日里威风惯了的"飞鱼服"，此时只能在民众面前叩头如捣蒜，苦苦哀求。

百姓哪里能饶过他们，只将这些家伙分别围住，拳脚齐下，尽情痛殴!

一个校尉逃得快,爬到了堂后阁子的顶梁上。没承想顶梁晃动,他惊惧过度,咕咚一声摔了下来。杨念如一步抢上去,几下就把他打死了。

从尉李国柱被众人围殴,有人一脚踢在他头上,屐齿刺入后脑,李当场毙命!

有的校尉被打得急了,拼命翻墙而出,却又被墙外的民众抓住痛打。

呜呼!今日何世,乾坤竟能倒转若此?

周顺昌目睹此景,心里难过。他说:"雷霆雨露,都是君恩。百姓闹成这样,我一死不足惜,倘若贻害地方,如之奈何?"

他的好友殷献臣也极力劝阻群众,但是,众人正打得痛快,哪里肯罢手。大家知道毛一鹭也是阉党一伙,都恨他陷害忠良,嚷着要把这狗官也揪出来。毛一鹭大惊,官架子也不顾了,仓皇跑进内院,躲在厕所里才免于一劫。

知府寇慎、知县陈文瑞这两位地方官,平素爱民有道,说话还比较有影响力。他们怕事情闹得太大,于周顺昌和百姓都不利,就多次出面劝谕。待百姓稍稍息怒,两人赶紧派差役护送毛一鹭离开了现场。

直至半夜,民众才逐渐散去。

这就是明史上著名的"开读之变",也是整个明代影响最大的一次民变。

王朝到了末世,奸臣公然践踏民意,贪官不顾民之死活,维系社会的纲常实际上已经瓦解,朝廷威信在民众心里一钱不值,而当政者反而比以往更加滥施权威。官民之间，不要说鱼水，就是陌路关系都达不到，双方互为仇寇。这样的情势，因一事一人而起，触发民众骚乱，自是不足为奇。

这已经可以嗅得到朝廷解体、民众揭竿而起的气息了。只有蠢到如天启之辈，才认为百姓造反不过是说笑话。

民变的当日，还有一个插曲。傍晚时分，刚平息不久的人群，猛然又喧哗起来。原来是前往浙江逮捕黄尊素的那一拨缇骑，坐船途经苏州，就泊在胥门。他们对城内的民变毫不知情，还是像过去那样，大肆向地方官索取钱财，上岸去向酒家强索酒菜。

有几个刚刚参与闹事的民众走到这里，发现居然又来了一伙，上去揪住就打。有人还登上城墙大叫："缇骑又来了！"

数万民众齐声发喊，一起奔向胥门，追打缇骑。打了还不解恨，又将他们扔到河里。

缇骑乘坐的船，被众义民一把火烧掉。船里的衣冠、驾帖（逮捕证）、信牌（证件）等物，也都被抛入水中。

几个落水狗不识水性，勉强游到对岸，刚上岸，又被农民拿着锄头追赶，慌不择路，只得又反身跳进水中。几个人抱着一块大木板，顺流而下，一面张口大骂："东厂误我！"一直漂流到僻静处，才得以狼狈上岸。

这一路缇骑莫名其妙挨了顿打，把驾帖也给丢了，浙江也去不成了，只好雇了小船，连夜逃回京师。最终还是黄尊素自己投了案，这档公事才算了结。

当晚，闹事的民众散去后，寇慎和陈文瑞派人到西察院，把奄奄一息的缇骑扶起来。这些校尉被打得血肉模糊、亡魂丧胆，一听到人声稍大，就全身颤抖，大呼饶命——神经都有些错乱了。

稍晚，毛一鹭也派来一队带甲军卒，围住察院，严密保护京城来的"飞鱼服"。

他怕民众再次闹事，就命将周顺昌转移到理刑公署关押，派了重兵把守。周顺昌当夜宿于署内，犹自吟诵于谦的诗句："粉身碎骨浑不怕，要留清白在人间。"

民变后，苏州百姓为抗议皇帝无道，纷纷罢工罢市。纺织机匠不开织机，挑担者息肩，摆摊者罢市，事态有扩大之势。

五位民变领袖聚在一起，谋划道："我辈拼死为国除害，可以一千余人拿下杭州，杀税使，焚其府；另以一千余人下昆山，抄顾秉谦之家，然后自囚请死，虽寸磔而有余快！"

颜佩韦不同意此议，他说："不可，吾侪小人，死何足惜！江南贤明士大夫尚多，阉竖若处置我辈，而反借此倾陷诸贤，我辈将连累他们。"

最后颜佩韦的意见占了上风，才没酿成更大的变乱。

毛一鹭那边，当然也忘不了躲茅坑之耻，派人密查带头闹事者姓名。苏州城内，顿时流言四起、人心惶惶，形势仍是一触即发。

魏忠贤在苏州安插有东厂密探，目睹民变，胆战心惊，连夜屁滚尿流地跑回北京去告变："江南反矣，尽杀诸缇骑矣！"

紧接着第二拨告变者又到，惊呼道："已劫周顺昌而竖旗城门，城门昼闭！"

第三批告变的说得更是夸张："已杀巡抚，断粮道而劫粮船矣！"

坏消息接二连三传来，魏忠贤吓得心惊肉跳，坐立不安。阉党上下，人人为之震动。

肇事之首的李实，闻听民变的消息，惊慌失措，闭门痛哭，致使两目尽肿。

周顺昌见形势仍然危急，便对亲友说："我若不尽快起行，祸事不已。我不能以一身而累全城！"

为此，他几次请求毛一鹭等赶快批准起解。但毛一鹭和徐吉疑心这是周顺昌用的计，怕途中有变，不想启程。最后，还是知县陈文瑞以自己官职做担保，各方面这才会商决定，缇骑于三月二十六日晚启程。

这夜，敲过二鼓，街面人踪渐稀。在府县派出的军卒护送下，缇骑一行悄然而出，乘船离开苏州北上。

出得城来，到了望驿亭，见四周都是荒郊野外，并无人踪，缇骑才战战兢兢取出诏书，念了一遍，草草完成了读旨仪式。几个蓬头肿脸的家伙，撇下两个留在苏州的同僚尸首，押着周顺昌连夜北遁——来时的威风已荡然无存！

周顺昌的长子周茂兰，不忍就此与父永诀，徒步随船一直走到京口。周顺昌怕儿子被缇骑所害，喝令他马上返回。周茂兰只得从命，驻足远望江上帆樯远去，哭得昏死过去。

在京城，魏忠贤也似热锅上的蚂蚁，张皇失措。

因这次的诬陷和逮捕，主要是崔呈秀出的主意，魏忠贤遂迁怒于崔，把这家伙叫来罚跪，呵斥道："你教我尽逮五人，今日激变了，奈何？"

崔呈秀惊恐万状，频频叩头请死，后被魏忠贤喝退。

阉党毛一鹭在民变平息后，也赶忙上疏告变。他担心皇上埋怨他办事不力，就故意夸大民变程度，说苏州已大有揭竿之势，不是他能控制得了的。

奏疏到了通政司（皇帝秘书处），消息立刻在小范围内传开。光禄寺卿（宫廷餐饮部门主官）、苏州人徐如珂得知了内容，心中大惊：这疏一上去，不是将要血洗苏州了吗？于是，为家乡父老计，他连忙找到相熟的通政司官员，请他们缓上此疏，由他去另外想办法。

正在商议间，巡按徐吉的告变奏疏也到了。徐如珂拿过来读了一遍，见徐吉只说是士民无知狂逞，现已平息，没说是要造反，心下便一松。他请通政司的人先把徐吉的奏疏呈上去，毛一鹭的就先压一压。

民变平息的情报，同时也到了魏忠贤处，他这才稍缓了一口气。但一听说有缇骑被百姓殴死，不禁又恶向胆边生！

此时的朝臣，绝大多数已为阉党一伙，只恨东林党人不死绝。众人纷纷敦请魏公公，赶快请旨，发大兵前去苏州屠城。

徐如珂见情势紧急，忧心如焚。他突然想到，可借苏州老乡、首辅顾秉谦之力，去劝魏忠贤不要发飙！但转念一想，自己去求顾秉谦，怕是面子还不够大，请不动。于是就偷偷传话出去，故意让顾秉谦的家人听见，说是："苏州人知皇上将派兵屠城，皆言圣旨必由首辅亲拟。故拟举火焚昆山顾家，然后等死！"

顾秉谦的家人闻言，大为震惊，回府中去一说，顾阁老也觉得非同小可，情急之下，半夜三更跑到徐如珂家里去问计。

徐如珂没别的话，只说："顾公您正当国，家乡却要兴大祸，如何向父老交代？厂臣（指魏忠贤）最听您的话，何不劝阻他发兵，以平息众怒，消弭祸患？"

顾秉谦是油滑之人，凡事不肯冒险，因此对苏州的家产不能不顾及。他左思右想，只有自己出面去阻拦发兵了。

于是他进宫去见魏忠贤，长跪不起，说："苏州是钱粮重地，倘若大乱，国赋将何如？"

魏忠贤闻言，心中有所动，怒气稍息，答应只处死倡乱者，余皆不问。

这一段情节，在《先拨志始》中，还有另外一种说法。

说是这日魏忠贤亲自去内阁指示处理办法，他对阁臣说："上怒甚，必诛尽为乱者！"

首辅顾秉谦因家乡发生事变而受惊吓得病，未能到阁，内阁代拟诏的是阉党丁绍轼。这家伙还算较有头脑，他力劝道："公误矣！京城仰仗东南漕运粮（从运河输送粮食）数以百万计，地方有事，正应示以宽大，而反以严旨激之，若有他变，谁任其咎？"

魏忠贤一时语塞，默然良久。

冯铨年轻气盛，不同意丁绍轼的说法，一把抢过丁手中的笔，要自己拟旨。但要下笔时，却心中茫然，不知如何写才好。

魏忠贤不大懂这里面的奥妙，只顾在一旁催促。

最后还是由丁绍轼拟旨，呈进天启看过后，由魏忠贤传达下来：将周顺昌逮到酌议。小民无知，为何拥众呼号，几成鼓噪，法纪安在？果即日解散，故不深究。再有违抗，为首的定行拿究正法，且加重本犯之罪。

这道圣旨确实相当温和，看来皇上也有威风不起来的时候。

后来，顾秉谦病愈上班，又在这道圣旨上添了"漏网魁渠"之语，为逮捕民变首领埋下了伏笔。

圣旨一锤定音之后，通政司才将毛一鹭的告变疏呈进宫去，因而没产生什么影响。

总之，这件事肯定是阉党内阁不愿承担屠城的恶名，怕无法向后人交代，从中起了阻遏作用，苏州人才免去了一场血腥屠戮。

毛一鹭和徐吉看到圣旨，见毫无责备之意，才放下心来。那毛一鹭的脑筋也转过弯来了：把事情说大，于他们自己没好处，因此在复奏中，就尽量往小了说。毛、徐两人统一口径，说变民乃乌合之众，起哄闹事，由于抚按两台甚是重视，果断派了官兵戒严，所以群众旋即散去，苏州市面已恢复稳定，现已责成知府知县马上缉拿首犯。

此外，两人还把责任往缇骑身上狠劲儿推，说这帮缇骑身负皇命，到了苏州却不马上开读，无故滞留，勒索商民，结果激成民变。

这道复奏上去，天启和魏忠贤明白苏州民变是怎么回事了，很快就有诏下来：愚民狂逞，致挤伤缇骑旗校，虽说是变起仓促，然抚按等官平日教育的功效在何处？据奏，犯官既已前来，姑不深究。还着密拿首恶，以正国法，不得累及无辜。

这奏疏，不知是内阁哪个人的手笔，策略性极强。缇骑撒野惹了事，皇家面子丢不起，死也不能跟天下人说实话，因此只说是"挤伤"了缇骑，死的那俩也就委屈点儿吧。这样，把事态的后果说小，只抓首犯也就说得过去了。至于说不累及无辜，则是叮嘱下面千万不要扩大化，万一真的激反了江南，还得耗神费力地平乱，犯不上。

圣旨到了苏州，颜佩韦等五人闻知，都主动到官府投案，坦然声称："首倡是我们，胁从也是我们，切勿累及他人。"

毛一鹭将五人下狱后，仍在秘密查访，先后共抓了十三个人。吴中士民见官府秋后算账，都日夕相惊，不知要逮多少人，不知要抓到何时为止。有人还传说，朝廷即将发兵坑杀（活埋）全城。富户们惊恐不已，纷纷收拾细软，准备逃跑。

知府寇慎和知县陈文瑞见不是事，连忙出面安抚。后来，士民见日久无事，才渐渐安定下来。

开审时，五壮士神态自如，视毛一鹭如猪狗，斥道："你陷周吏部死，官大而人小；我们为周吏部死，百姓小而人大。"可怜毛一鹭做官做到了封疆大吏，连做人的起码道理都拎不清，被平头百姓鄙视到这个地步。

面对毛一鹭的问话，五壮士不屑一顾，只扔下一句话："为周吏部死，复有何憾！"

十天之内，毛一鹭连上三疏，汇报审讯情况，花言巧语地哄皇上，说是缉获首难狂民，地方帖服。

本案最终审结，毛一鹭的判决出来了：带领生员请愿的诸生王节、刘羽仪等五人，被夺生员资格；在河边暴打另一伙缇骑的戴铺、杨芳等，发配边境卫所充军；颜佩韦等五壮士被判死刑。

五壮士的这个死刑，只是个判决，尚留有余地，也就是待决，有时间长短不定的缓刑期，而且皇帝也有权改变或否定这个判决结果。

知府寇慎深感五壮士忠义，吩咐司狱说："此俱是仗义人，不

127

须拘禁。家属送饭，亦不可阻。"地方监狱本来就没有诏狱那么恐怖，再加上有知府大人关照，五壮士好歹没受苦。

狱中有人安慰五人道："当朝首辅顾秉谦是吾辈同乡，你们或可不死。"

颜佩韦叹道："顾秉谦已认魏忠贤为父，诸大臣都血肉狼藉，我们如何得免？我们宁愿从周吏部而死，不愿因奸相而获生！"

他们所追随的周吏部，后来果然被害死，十月，灵柩运回苏州。五壮士痛哭不止，马杰说："忠臣已死，速杀我等，好辅助他老人家做厉鬼击贼！"颜佩韦道："上奏是毛都堂，今若诏下，生死都在他。我辈被杀后，做鬼也先去寻他！"

毛一鹭听到这话，大怒，不禁起了杀心。

这时吴中地区的情况很不稳定，顾秉谦等阁臣要求缉捕"漏网魁渠"的说法，又传到了地方官府，似有将同情东林党的地方绅士一网打尽的意思。这时，朝廷因民变之事，换了一个新巡按王珙，接替徐吉。王珙也是个阉党，他还未出京，了解到吴中的情况，理清了头绪，上疏建议将五人杀掉，以了结苏州民变一事。

不久有圣旨下，同意执行，五壮士的命运就此被决定。

毛一鹭在执行时怕再出什么乱子，就吩咐兵备副使（临时职务）张孝去监斩。张孝对五壮士深为敬佩，但又无法抗命，内心痛苦万分，在行刑过程中泪如雨下。

五壮士从容走向法场，相顾笑别。马杰道："大丈夫假若病故，则与草木同腐，默默无闻。而今吾等为魏党奸贼所害，未必不千载留名。去！去！去！"

颜佩韦则笑对众人说："列位请了，学生我走路去了。"

说罢，五人引颈就戮。《五人墓碑记》上说他们"意气扬扬，呼中丞（巡抚）之名而詈之，谈笑以死"。

这篇墓志铭代代传诵，至今仍载于中学语文课本上。烈士英名果然不朽，千载之下，仍能映衬那些速朽之辈是何等可笑与卑劣！

行刑完毕后，五人的头颅被挂在城头示众。有贤明士绅花了五十两银，将头颅赎回，精心置于匣中。

五壮士就义前数日，恰逢大雨如注，狂风怒号，稼禾皆摧，太湖暴涨。人皆曰：此乃五人忠义感动了上苍。

据说毛一鹭后来也未得好死。一日，他在家中正与来客一起阅读邸报（官方通报），恍惚见五人前来索命，不由惊恐万分，忙奔入内室，客人也甚觉骇异。不一会儿，听到内室有哭声，紧接着毛一鹭就大叫一声，气绝身亡！

不管这是事实也好，附会也罢，此人已是千夫所指、遗臭万年了。

就在烈士就义近一年后，魏忠贤轰然倒台。毛一鹭为拍马屁，在虎丘给魏阉修建的"生祠"也随之荒芜。苏州人感念五人的忠义，将他们合葬在生祠的旧址上，刻石立于路边，名曰"五人之墓"。

据说，碑上题字，是由天启二年（1622）的状元文震孟手书。此外，崇祯三年（1630）的解元、复社领袖杨廷枢，还题写了墓园门额"义风千古"。复社领袖张溥，亲撰了脍炙人口的《五人墓碑记》，他在文中叹道："嗟夫！大阉之乱，缙绅而能不易其志者，四海之大，有几人欤？而五人生于编伍之间，素不闻《诗》

《书》之训，激昂大义，蹈死不顾，亦曷故哉？"

——是啊，缙绅（为官者）威武不能屈的有多少？大字不识的小民却能知晓大义，又是何原因？

明末抗清奇人查继佐，在他的史著《罪惟录》中说，颜佩韦等人不过是市井小民，连姓名都不为周顺昌所知，平日见到县里的簿、尉小官，他们都会面红耳赤得说不成话，可是一旦临难，气雄百夫，虎虎生风，徒手对凶顽，竟然使权珰气沮，缇骑不复出都门。这五人虽然没能让周顺昌活，却让无数像周顺昌那样的人活了下来。周顺昌也因为有了这五人的壮举，虽死而犹生！

查继佐的话，说得透彻！缇骑自从在苏州挨了一顿痛打之后，吓得再也不敢出京城半步，魏忠贤也不敢再兴如此的大狱。不知有多少东林正人，在此之后得以保全。

匹夫一怒，血溅三尺。就是秦始皇，也要退让三分。

那些视民意如粪土者，难道比秦始皇还要胆大吗？

第八章

七君子碧血丹心照青史

似魏忠贤者流，无才无德，靠权术起家，赖庸主提拔，才侥幸爬到了高位。他不会知道，这不过是畸形政治下的蛋，反而产生了巨大的权力幻觉，以为自己具备了某种天才，天下事没有他摆不平的。

这种家伙，既没有家国观念，也没有民本意识，尽管是在一人之下、万人之上，其胸襟也还是一个市井无赖之徒。水可载舟，亦可覆舟，像这样最浅显的治国之道他都不懂，动不动还想以屠城来泄党争之愤。那么，他所做的一切，其荒诞无耻，其逆民心而动、背潮流而行，也就毫不奇怪了。

逮捕周顺昌在苏州遭到强烈抵制，并不是一个孤例。魏忠贤的倒行逆施，所触犯的已不仅仅是官僚集团内部较正直一派的利益了，他是在与民众直接对擂。

魏忠贤环顾海内，也许感到已无对手。看吧，天下噤口，君子毙命，官场唯余无骨的小人。

但这种情况背后所潜伏的危机，他是感觉不到的。是啊，此时此刻，谁还有力量能掀翻他？

在古代史上，皇权就是独裁，因此独裁不是问题的症结。问题在于，要想独裁得安稳一点儿，就要把老百姓的意志当一回事，要给他们饭吃，让他们气顺，大厦的基础才能牢固。

就算是皇权政治中的天才，一旦把百姓当猪狗，杀之、困之、镇压之，也就离土崩瓦解之日不远了！天才，救不了暴虐统治的命。

魏忠贤胸无点墨，不懂历史，是靠拍马屁起家的，他没见过"民不畏死"是个什么样子。

他不知道，历史绝不是一条静静的河，它总有令人意料不到的转折处。

他脚下的基础，在逮捕七君子之时，就已开始摇晃。

早在逮捕周宗建的时候，吴江县就发生过万民号泣相送的场面。

在苏州民变的同时，常州也有士民万人恸哭于道，挽留被缇骑逮走的李应升。这与苏州的情形非常相似。

当时李应升听说缇骑已到，就穿上囚服，自行来到解所候命，神态自若。有人问他："可曾与家人作别？"他慨然答道："我志在以身殉国，安能恤家也？"

这就是人们常说的"义无反顾"，决不回头再看一眼。

当知县带着公文一到，他就随知县一起去了府城。常州知府曾樱，慕其忠义，特地到他坐的船上看望。此外，几位好友也事先来到南察院，与缇骑商议贿银数目，以免李应升在途中受苦。

后来北行到达武进后，李应升的业师吴钟峦，不怕受牵连，留李在自家住宿，两人作慷慨诀别。

李应升感念身世，心情极沉痛："世道如此，读书何用？我叫儿子不必读书了。"老师说："书何必不读？只是不能像你那样真读书。"李应升抬眼望望，此时置身的小亭上，有匾额题曰"清风亭"，他顿然振奋，说道："此去，必不让此亭笑我！"

临别时，他还向老师要了一本袖珍本的《易经》，准备在路上和狱中研读。

——生死在天，闻道则无悔。

志士之慨，怎能不万古流芳！

后来在路过滕阳驿站时，李应升见壁上题字，有国初方孝孺获罪时题的《念子》诗一首，不禁凄然，也援笔题诗。其诗句曰："最是临风凄切处，壁间俱是断肠诗。"

三月二十一日，在诏书开读的那天，常州也有令人激动的一幕。南察院前，聚集了数千士民，填街塞巷，马不能前。

一些士民手持短棍，鼓噪道："入宪署，杀魏忠贤校尉！"周围民众齐声呼应，訇然有如雷鸣。

一个卖甘蔗的少年，年仅十余岁，当街大呼道："我恨极矣，魏忠贤杀却江南许多好人！"说罢，奔跑到一个肥胖校尉的身后，撩起他的"飞鱼服"，一刀就割下一大片肉来，扔到地上让狗争食。

见此壮举，民情顿时汹涌！人人疾呼"击杀缇骑"，校尉们吓得魂飞魄散。

知府曾樱闻讯，忙赶到现场劝解，同时又请出了李应升。李应升向众人拜求道："诸君诚然是爱我，但为何要蔑视朝廷？"他再三劝解，众人才渐渐散去。

当下，曾樱安排缇骑转移到东察院去住，并派了重兵护卫。在开读诏书时，担心发生意外，将东察院大门紧闭，不准闲杂人等入内。

这一伙缇骑，不仅尝到了甘蔗刀的厉害，也听到了苏州民变的消息，知道那里的同事脑袋都被踩爆了，心中着实害怕，对李应升未敢有任何刁难。至三月二十三日，一行人悄无声息地押着李应升北上了。

此次缇骑南下，诏命是逮回五人，共有四人被逮或自己投案，却有一人没有逮到，他就是大名鼎鼎的高攀龙。

缇骑来到无锡后，准备三月十八日开读，有人把这消息告诉了高攀龙。此时他已无欲无求，完全超然物外。

十七日一早，高攀龙去参拜了宋儒杨时的祠堂。杨时是宋代大儒程颢、程颐的门徒，是"二程学说"的正宗嫡传，也是宋代东林书院的创始人。

而后，高攀龙便与自己的两位门生和一个弟弟，在自家后园池上饮酒畅谈。

当他听到周顺昌被逮的消息后，淡淡说了一句："吾视死如归，今果然矣。"之后，与家人谈话，平静一如往常。

他写了一张字条，封好，交给儿子世宁说："明日若事急，可打开。"然后又叮嘱家人道，"勿急，我欲静思良策，明早处分，当无大祸。"说罢将所有家人遣出，闭门独坐。

到夜半时分，他整好衣冠，向北方三叩首，然后来到后园，纵身跳入池中自尽，时年六十五岁。

家人于后半夜不见屋内动静，连忙撞门而入，见室内只有一灯荧然，高攀龙不见踪迹，便急忙四处寻找。最后寻到后园，发现人已在水中，面向北，双手捧心，屹立不动，死了已有多时了。

令人奇怪的是，他衣衫整洁，仅湿了下半身，且未沾染污泥，口中也未进水。乡人因之皆传说，高大人并不是淹死的，而是魂归于自然，与天地万物合一了！

打开他临死前写的字条，原来是遗疏一道，让家人于他死后呈上。遗疏里面说："大臣受辱则辱国。故北向叩头，从屈平之遗则。君恩未报，结愿来生。"

此疏在亲友乡邻间宣读时，闻者无不潸然泪下！

宵小当道，正人途穷。自古艰难唯一死，生逢浊世，这"一死"反倒是幸运了。

——生如狗，何可留？

高攀龙就这样驾鹤而去，其余六人，则陷身诏狱，遭受了与六君子同样的命运。

周宗建、缪昌期是最早被逮的，押解至京后，即送入诏狱严刑拷问。

缪昌期被逮时，也是很悲壮的。缇骑至江阴，他慷慨而行，说道："早知此矣，既与杨涟同事，就应与杨涟同祸。"

三月五日起解之前，他还写下一篇《漫记》，将生平大事逐一记下，交与儿子虚白说："日久事定，方可拿出示人，不要徒取灭门之祸。"

在《漫记》里，他对自己的评价是："为文有笔而无学，为学有识而无养，种种欠缺，人所共见。而不敢营私背君欺心卖友一念，亦天地神明所共鉴也。"

君子与小人，志士与贪夫，所有的差别，关键也就是这一念而已。

北行过长江时，他赋诗一首，曰："一死无余事，三朝未报心。"所过之处，百姓拦道迎送。人们听说是他被起解，都忍不住泪下。

四月，李应升、周顺昌被押解到京。而逮黄尊素的那一路缇骑，在苏州挨打后逃回，黄尊素则自己投到官府候命。

此外，还有逮周起元的那一路，也同样遇到了麻烦。据《漳州府志》载，缇骑到了漳州后，地方官听说退赃即可赎身，就把这话放了出来，父老们立即在城中四门设立了募捐柜，筹款"还赃"。不数日钱就满了，士民们如数交上，缇骑也为之感动。

不过，这个记载恐怕有误，因为周起元在巡抚苏松十府的时候，既得罪了李实，又得罪了毛一鹭，所以被安的"赃银"最多，达十万两之巨，比直接得罪了魏忠贤的其他人还多（正所谓阎王好惹，小鬼难缠）。漳州虽有海运之利，但士民一下凑齐这么多钱，恐怕不大可能。

所以，极有可能是如《罪惟录》所说，是大家凑钱贿赂了缇骑。当初，周起元在巡抚苏松两年中，为百姓做了许多好事，离任时，吴人无论老少皆随行相送，哭声满市。家乡人也以他为荣，他一出事，前来捐钱的人络绎不绝。有老妇人取下头簪扔入，也有轿夫在抬客人的时候，特意绕个弯过来，捐出十几文工钱，最终凑齐贿银，打发了缇骑。

这一路缇骑，也险些出了大事。有一位义士在城中奔走呼号，聚众为周起元鸣冤。百姓围住衙署，怒不可遏，差点儿就要痛打缇骑夺人了。

周起元连忙跪求众人："父老爱我，勿陷我不义！"哀恳至苦，民众这才罢了手。

此时，苏州民变案已轰动全国，作为特务机关的缇骑，已彻底被民众打服了。逮黄尊素的那一拨，死也不敢再南下；准备押解周起元的这一拨，也不敢带着人上路。

这两个犯官成了烫手的山芋。魏忠贤那里，也是不敢来硬的了，怕再次激起民变，万一哪天皇上脑筋开了窍，将危及他自己。于是经过商议，让天启下诏，改由当地巡抚派人押解。故而最后这两人，是分别于五月和闰六月才押解到京的。

六人陆续下狱后，曾有阁臣上疏请求，在镇抚司审过周宗建等人后，应尽快将他们移交刑部议罪。为阉党所控制的内阁，为何有这样的提议不得而知，也许是为掩人耳目，也许是想推卸谋害忠臣的责任。

但天启充耳不闻，不置可否。也可能魏忠贤早就向他进了言，就是要把此案（连带六人的命）在诏狱里了结。

皇上没发话，魏忠贤却发了话，他严禁将任何一人发往刑部。上次六君子案中，放了一个顾大章到刑部受讯，结果杨涟等人被拷打致死的惨状就给泄露了出来，因而这次一个蚊蝇也不能从诏狱放出。

后来，有狱卒偷偷透露了一些消息，说六人死状极惨，丝毫不亚于六君子。

七君子中缪昌期入狱较早，阉党始终怀疑杨涟所上的二十四大罪疏，是由缪昌期代笔，故而许显纯对缪用刑尤狠，即便是平日，也要比别人多加一副镣铐。在酷刑之下，他十根手指全部脱落，只剩下秃秃的手掌。到四月三十日，入狱四十多天时，毙命于狱中。

合当是天怒人怨，就在缪昌期死后第六天，京师突遭一场千年奇灾！

那是天启六年（1626）五月初六日巳时（上午九点钟到十一点钟），大祸自平地而起。这就是著名的王恭厂火药大爆炸事件。

事发突然，景象惨烈！

王恭厂在北京内城西南隅，也就是今天的宣武门内，大约在今永宁胡同与光彩胡同一带。

这里曾是明朝工部的火药库，内藏十余万斤火药。当时凡京营火器所需的铅子、火药，都是由王恭厂制造。

事故的原因不详，当时先是王恭厂地内有声，如雷鸣阵阵，而后火药突然自焚，产生了巨大的爆炸。在王恭厂做工的三十余名工匠，瞬间全部被烧死。

据今人推算，这次爆炸的范围，半径大约为七百五十米，波及面积达二点二五平方公里。

爆炸时的情形，极为恐怖怪异。据明代的正史和各种笔记、小说记载，随着一声巨响，只见空中有飙风一道，内有火光，紧接着蘑菇云冲天而起，平地立刻下陷。长安街一带，从天上纷纷落下许多人头来，德胜门一带落下无数人的四肢。这一场碎肢雨，一直下了两个多小时，实属骇人听闻。

其爆炸威力之大，也超乎一般人想象。石驸马街上，有一个五千斤重的石狮子，平日几百人都推移不动，爆炸时竟被气流一卷而起，飞到了顺城门外。还有大圆木，竟然飞到了密云（如今开车也得几小时才到）。人的肢体，甚至一直飞到了蓟州地面。

爆炸所波及的地方，无论死人活人，皆是赤身裸体，衣服全都飘到了西山，密密麻麻挂在树上。昌平县的校场上，也落下了成堆的衣服，里面还夹杂着锅碗瓢盆、银钱首饰。

当时，正走在街上的官员薛凤翔、房壮丽、吴中伟的大轿被打坏，伤者甚众；工部尚书董可威双臂折断；御史何廷枢、潘云翼在家中被震死，两家老小埋入土中；宣府杨总兵一行七人，连人带马全都没了踪影。

更为蹊跷的是，承恩寺街上，有正在行走的女轿，事后只见轿子被打坏在街心，女客和轿夫都不见了踪影。元宏寺街上，当时正有一妇女乘坐轿子路过，气浪掀起轿顶，这女子身上衣服瞬间随风而去。前后人皆震飞，唯余妇女一人赤裸坐于轿中，身上毫发无伤。

当天有两万多人非死即伤，断臂者、折足者、头破者无数。到处是尸骸遍地，一片狼藉，连牛马鸡犬都难逃一劫。

王恭厂一带，地裂十三丈，火光腾空。东自通州，北至密云、昌平，到处雷声震耳，被损坏的房屋无数。爆炸中心周围，也有侥幸活命的，都是披头散发，状极狼狈。

关于大爆炸的情况，在《明熹宗实录》《国榷》《酌中志》《帝京景物略》《宸垣识略》等书中均有记载。尤其是一位佚名者，根据当时邸报撰写的《天变邸抄》，记述更为详细。

这些火药如何自燃？为何事先不见一点儿征兆，就瞬间爆发？

据今天有人估计，爆炸的当量相当于上万吨 TNT（三硝基甲苯），可是王恭厂只不过存放了十余万斤火药，其爆炸威力从何而来？

最奇怪的是，在爆炸中心，却不焚寸木，无焚烧之迹。如果说是火药库失火爆炸，或地震引起灾变等原因，都难以解答。

今人将这场奇灾，与印度三千年前的"死丘"事件、1908 年通古斯大爆炸并称为"世界三大自然之谜"，其致灾原因，至今仍争论不休。其中有地震说、火药爆炸说、飓风说、陨星说、大气静电酿祸说、地球内部热核高能强爆动力说、陨星反物质与地球物质相逢相灭说等等，不一而足。

爆炸发生当时，天启正在用早膳。感觉有大震后，他起身冲出乾清宫，直奔交泰殿。内侍都来不及跟随，只有一个近侍扶着他跑。正奔跑间，建极殿有飞瓦坠落，正砸中那个近侍的脑袋，近侍顿时脑浆迸裂。天启吓得魂不附体，一口气跑到交泰殿，躲在了一张桌子底下。

当日，皇宫处处也是狼狈之极，乾清宫的御座御案，都翻倒在地。正在紫禁城内修建三大殿的工匠，因震动而堕落者，竟达两千人之多。

大爆炸震动了全天下，上自公卿下至黎民，无不感到震骇。朝臣中有同情东林党或对兴大狱不满的，便借机而起，以上天示警为由，纷纷上疏抨击客、魏，反对诛戮大臣。

天启也有上谕给内阁，表示畏惧，告诫大小臣工务要洁虔、洗心办事、痛加深省等等，同时还拨出一万两白银，抚恤死难者家属。

从这个官样文章来看，天启似乎是有修省之意。但实际上，他是历史上最不怕上天示警和因果报应的皇帝之一。他的这个上谕，说得恳切且面面俱到，但就是没有任何行动，干打雷不下雨。

当时钦天监内有一负责占卜天象的周姓官员，借机奏报说：地鸣者，阴有余也，主弱臣强。另有一说是：下谋上，政在妇寺作乱，杀戮不由上，政令从下出。魏忠贤见了奏疏大怒，他也是个不信天道公正的人，当即叫人杖死这个占卜官。

兵部尚书王永光，也委婉表示了对兴大狱的不满。他上疏说：如今罪囚半归诏狱，追赃即立时毙命，虽然他们罪有应得，但此等情形，与"好生之德"不是太不相合了吗？王永光提出，今后应慎刑狱、停建三大殿，圣旨应由内阁票拟，而不应径发中旨。

当时这类的议论很多，都是针对魏忠贤而发的。

但天启之冥顽不灵空前绝后，总是批一个"知道了"就搪塞过去。诸臣说得多了，他还要为魏忠贤辩护。灾异一过，马上又给魏忠贤记功加赏。

由于发生特大灾异，京中忙乱，且皇上有诏，令天下停刑，魏忠贤一时也顾不得诏狱中这五个人了。

据说，锦衣卫有一个重要部门就在王恭厂，估计也炸得没剩什么了。缇骑们心里极怕，都互相告诫：不可太作恶，尤其不可南下。

凡此种种，周宗建等人才稍获喘息之机。但是到了六月中，天启又想起了这几个人，便下了严旨，继续"追比"赃私。

许显纯对周顺昌又开始了五日一比，每次起码要打四十棍。周顺昌性格刚烈，每次过堂，都要痛骂魏忠贤。许显纯怕魏忠贤派来的"听记"听见了，回去向魏告状，就命人狠狠掌嘴。

周顺昌的脸被打紫,仍破口大骂:"奸贼,打得我的嘴,打得我的舌吗?"

许显纯暴跳如雷,亲执铜锤,把周顺昌的牙齿全部打落,然后问:"还能骂魏上公否?"

好个周顺昌,把满口鲜血向许显纯脸上唾去,仍大骂不止。

魏忠贤派来的听记连忙飞报主子。魏忠贤听了,大为气馁,遂与李永贞商议,于六月十七日夜里,害死了周顺昌。

次日,许显纯上报周顺昌病故,两天后才有旨允许安葬。周顺昌的家人来收遗体时,见皮肉已经腐烂,面目莫辨,唯有须发根根竖立,犹有生气!

七君子中,周宗建因首劾魏忠贤以文盲身份乱政,因此许显纯对他用刑尤重。

多次毒刑后,周宗建已奄奄一息,卧于地上,不能出声。许显纯仍攘臂怒目,呵斥辱骂,问周宗建说:"还能骂魏上公一丁不识乎?"

时有御史王心一,见此前已有六君子之祸,很同情周宗建等人的遭遇,便去见冯铨,说逮了周宗建等人,朝廷大失人望,希望他能出力解救,以挽回人心。冯铨不肯,王心一知事不可为,只得含泪而出。

最后,魏忠贤特命许显纯,以铁钉揳入周宗建身上,冀其速死。见周仍不死,就给他套上锦衣,浇以滚水。周宗建顿时皮肉卷烂,赤肉满身,在极度痛苦中熬了两日,于六月十七日含恨死去。

黄尊素入狱后,也备受酷刑。他知道早晚躲不过一死,就赋诗一首以明志。周宗建死后，因周起元路远尚未解到，狱中唯有他和李应升两人。黄尊素看到李应升受刑很重，就把自己家人拿来的"完赃"银，转入李应升名下，以减轻李受的"追比"之苦。

两人囚室仅隔一墙，黄尊素预感死期将至，便敲壁与李应升诀别："仲达（李应升字），我先走了。"

李应升大声应道："足下先行，应升踵至矣（我脚跟脚就到）！"

——壮士死义，如赴郊游，其浩然之慨，掷地有声！

次日，黄尊素果然被害，时为闰六月初一日。他是著名的"清初三大家"之一黄宗羲的父亲，家中赤贫，虽坐赃不足三千两，也还是拿不出。后多亏故旧、同年及乡邻捐助，才得"完赃"。

第二天，轮到李应升。他在死前赋《绝命诗》二首，其诗句曰："十年未敢忘朝廷，一片丹心许独惺。"又写好了遗书，与父母儿子诀别。

他的儿子那时尚幼，所以特别叮嘱儿子：若将来上进（做官）有望，则早早开始奉养祖父母；若上进无望，那么无论如何要做个读书秀才，将我的文稿、书简整理好，因为这是文章一脉。我苦于生前未能尽到供养之责，所以你祖父母百岁之后，一定要葬在我的墓侧，不得远离。

而后，他将遗书交给狱卒，伏地向朝阙遥拜："罪臣以身报国，死无所恨。"又望向家乡遥拜父母，"忠孝不能两全，今生无复见二亲矣！"当日即在狱中遇害，年仅三十四岁。

待周起元被解到时，前面诸君子尽已死去。

说来，在阉党的指控中，周起元才是七君子的"祸首"，其他多人都是被"窜入"的。李永贞在李实的空奏疏上，给周起元填的"赃银"数目大得惊人，竟有十万两之巨。他入狱后，魏忠贤吩咐说，不用审，就照十万两"追比"，显然是一心要杀他。

为了"完赃"，周起元家产被充公，仍远不足数目，以至株连亲友无不倾家荡产。他本人到九月也为狱卒所杀害。

从天启五年（1625）初以来，兴起的两次大狱，把东林党在朝中的势力基本赶尽杀绝。在肉体消灭和思想控制并用之下，士大夫或是公开投靠，或是百鸟压音，而谄谀颂德之风纷纷而起。

恶政横行时，却有颂歌盈耳，这样的怪事令人气塞。

天启这个傻皇帝却很高兴：魏公公种的瓜，真是越来越甜了！他乐得耳根清净，不用再听东林党人的聒噪了。

盲人骑瞎马，夜半临深池。真正能让他稍微清醒一点儿的就是民意。天启六年（1626）三月间的苏州民变，给阉党的全胜投下了巨大的阴影。

不仅是缇骑再不敢出京逮人，就是魏忠贤本人，也对民意产生了深深的恐惧。

到后来的关键时刻，他想出手最后扼住大明命运的喉咙时，就是民意这道铜墙铁壁，挡在了他面前，使他不敢再前行半步。

自作孽，不可活。杀了那么多无辜和正直的人，还想有个善终吗？还想让后世的人念你一声好吗？

你也真是太看低了天意和人心！

第九章

在悬崖绝壁上的狂舞

　　这时候的魏忠贤，正是踌躇满志之时，真是平生所未有的好日子。

　　好虽好，但他也知道，高处是绝壁。要维持住眼前的地位不坠，对上要死死控制住皇帝，对下要让老百姓服服帖帖。对上倒好办，哄着那半傻的皇帝玩就是了，麻烦的是对下。看来靠感化、靠恩德是不行了——百姓相信世上有嗜杀正人君子的好人吗？

　　只有使用恐怖手段！

　　无德小人，同时又想倒行逆施，他不用这手段没别的办法。魏忠贤专权时期，因此成了明代特务横行、罗网密布的最黑暗时期。今人对明朝的印象一直不太好，除了朱老皇帝杀功臣、明成祖清洗建文旧臣太残酷以外，跟魏忠贤搞的特务政治也大有关系。

　　所谓特务政治，就是无论城乡，遍地都是"番役"。番役就是东厂的密探、眼线，又称"番子"，其中既有专职的，也有业余的。所谓业余的，无非就是京中的地痞流氓，只要提供了线索，就有赏钱。

这些密探是官府默许的恶霸，不拿"驾帖"，无须证人，就可以闯进民宅查案。当事人若知趣，给够了贿赂就没事。否则往东厂一报，逮入镇抚司，刑罚要比法司重几倍，人就别想生还了。

凡倒行逆施者，为什么都喜欢养恶奴呢？因为恶奴可以制造冤案，只有冤案不断，人们才会有恐惧感——就算不犯法，你也有危险。这样，才能保证百姓服服帖帖。

魏忠贤看不得天下有堂堂正正的老百姓。人人战战兢兢，满腔怨恨而又强装笑脸，才是他要的效果。

最奇特的是王朝的特务机关，居然把官员也列入监控对象，每月几百个番役，轮流抽签去各衙门侦察，称为"坐记"。对被监视的官员，无论公事私事，都要逐一报上来。以至官员家里争风吃醋、油盐柴米等事，也能很快在宫中传开。

中书舍人吴怀贤，在家里读杨涟的奏疏，忍不住击节称赞，结果被奴仆告发，难逃一死。

即便阉党里的重要人物，也不能幸免。阉党阁臣丁绍轼，与缪昌期是好朋友，闻听缪昌期被害死于狱中，不由得叹息了几声。据说东厂马上报告了魏忠贤，魏立刻矫诏赐死。

魏忠贤时期的密探，遍布大街小巷。民间偶语或触犯了魏忠贤，旋即就被擒杀，甚至剥皮割舌，所杀不可胜数。这样严酷的情况，大概只有秦始皇时才有过。

社会生活到了这个程度，已属非常状态。官员和老百姓，都不能正常过日子了。自由而快乐的，只有阉党中三百余人，又岂能奢望平安？

魏阉杀人，心冷如铁，就是幼童也不放过。在一起所谓的

"逆妖"案中，竟有妇人怀抱婴儿，赴市曹一同被斩，斩首时怀抱中的婴儿还未醒。即使在皇权制度下，这也属骇人听闻！无怪乎魏忠贤倒台后，牵连亲属，也遭了同样灭族的报应。

夏允彝《幸存录》中记载：一天，某旅店里有五人相聚饮酒，其中一人说魏忠贤作恶多端，不久定会倒台。另外四人心生恐惧，并未附和，有的人还劝他慎言。那人高声道："魏忠贤再厉害，也不能将我剥皮拆骨！"

当夜，众人正在熟睡中，忽然门被推开，闯进数人，举着火把照了照每人的面孔，将议论魏忠贤的那一个逮走了。稍后，又把另外四人逮去，带到一处衙门，见先逮的那人赤裸卧于堂下，手足皆被钉在门板上。堂上有一鲜衣显宦，正是魏忠贤，魏对那四人道："这位说我不能剥他的皮，今日不妨一试。"

他命人取来熔化的沥青，浇在那人身上。待沥青冷却，再用锤子敲打，沥青便与人皮一齐脱落，成了一张完整的皮壳。那四人吓得魂飞天外，魏忠贤便赏给每人五百两银以压惊，并将他们放走了。

对东林党人，魏忠贤防范得就更严密了。自六君子大狱起后，侦骑四出，凡是与六君子有关的人，无不受到监视与跟踪。

魏大中被逮至京后，其子魏学洢也潜入了京师。抵京之后，见逻卒四布，只好改名换姓藏匿于旅舍，昼伏夜出，完全像是在做秘密工作。

杨涟的亲家陈愚，在杨涟被逮后全力帮助杨家进行救援，结果也被东厂盯上，逻卒隔三岔五就上门来察看。

高压之下，立见人情冷暖。凡有志士被祸，人人避之唯恐不及，即便亲朋好友，也躲得远远的。顾大章在北行途中，一路上，他所认识的好友全都闭门不敢相见。他万分感慨，提笔写下诗句曰："槛车尘逐使车辕，一路知交尽掩门。"

周顺昌的一个同乡朱祖文是个例外，他曾在周顺昌被解到京之前，先期到京设法营救，后又去定兴、吴桥等处筹款，为周顺昌"完赃"。

朱祖文是一名诸生，其祖父曾任都督。他写了一本日记《北行日谱》，将北上一路的经过记下。其文朴实生动，绘声绘色，堪称古代最好的纪实篇章之一。

日记写道，他与周顺昌的两位仆人唐元、严秀，从苏州出发，北上过长江，在江边就看到有锦衣卫旗校群集。船到扬州等候过关卡时，两个仆人登岸，马上就有一位长髯公招呼他们："你们来了？"两人未搭理。该人又说："你们是苏人。"言语间，仿佛很熟悉的样子。两人虚应了两声："是啊是啊。"那人才离去。

两位仆人回船后，告诉了朱祖文，朱大为惊异。

他们一行从清江浦登岸后，有一个差人，骑马驰过，忽然又返回来问："你们已经来了？"三人不答。那人也说："你们是苏人。"朱祖文虚应了两声："是啊是啊。"那人才离去。

唐元悄声说："听他口气，像是知道了我们的行踪。"

朱祖文怀疑这是苏杭织造李实的手下，专门来缉拿六君子亲属的。此时，他身上还带着周顺昌写给北京朋友的信，便想烧掉以避险，但又怕进京后没有凭证，人家不肯帮忙。晚上住在旅馆里，心里正七上八下，忽有一群人猛敲旅馆大门，其声甚厉。

朱祖文想，这必是缇骑来抓我无疑！再一细听，原是县里的衙役，来找里长有事，这才把心放下。

抵达京城后，朱祖文考虑到京城里正在戒严，有必要先找个藏身之所。他便来到与他祖父有世谊之交的宗都督家，想着这里或可暂留几天。叩开门后，他诈称是因别的事到京，请求留宿。

宗都督当时已过世，其长子在外地做官，家中有二子、三子在。那两兄弟相视一眼，其中一个皱着眉，对朱祖文说："此间大非昔比，即便是外戚侯门，也无不惴惴危惧。倘若留宿了可疑者，十家连坐。君从异乡入我门，邻居已有密伺者，还是请君去住旅舍吧！"

求一宿而不可得，要求暂时存放一下行李，也不可。朱祖文一行只好告辞，在京城另寻客舍。

可是哪里想到，就连旅馆老板也是东厂的眼线。朱祖文在京中不过待了十多天，就被盯上了。

旅馆老板看他们主仆三人谢绝宾客，又时时密语，不禁起了疑心。一天晚上，居然有一长髯公闯入，四下里探看他们几人的行装。

到离开旅馆的时候，严秀因为计算住宿费问题，跟老板起了争执。老板很生气，几次说出疑心他们是东林亲属的话来威胁。朱祖文担心出意外，连忙将一件行李赠送给老板，让他消气，这才解除了危机。

这期间，朱祖文还去找过周顺昌的好友朱尽吾，想借宿，朱尽吾却告之："寝所不便。"

朱祖文无奈，又找到自己的好友蒋士衡，想求助。不料蒋失声道："此乾坤，何世界，兄奈何自投此地？"蒋还叮嘱说，闻听东厂为了对付周顺昌亲友，特别派了三十余人，专抓来跑关系的人，万望小心。

周顺昌另一位在京的仆人钱真，后来果然打听出来，厂卫出动缉访周顺昌亲属的果有其人，且有五十余人。依此计算，那就是派出了三百多名密探，分别对六君子的亲友进行监视。

十多天中，朱祖文感到找人办事太难。若不是老乡，人家轻易不肯见；若是老乡，人家又怕番子早就盯上了。对此，朱祖文万分警觉，与人会面时，都事先约在古庙中。随身带的信件，有时糊于壁间，有时粘在破袜底中。

他后来到定兴县（今河北省定兴县）去借款，专挑荒僻的小路走，但还是没躲开侦探的堵截。在半路被几个番子拦住，呵斥他们下马。当时情况相当危急，朱祖文和严秀在前，把行李交给三人检查，又东拉西扯转移番子的注意力。唐元趁机拿出周顺昌写的求助信，扔进嘴里嚼掉，这才免于大难。

到吴桥县（今河北省吴桥县）去借款的时候，离北京差不多有七百里了，友人仍叮嘱千万不能到闹市去。

朱祖文叹道："世道至此，真可畏哉！"

魏忠贤专权，一方面滥施淫威，以防人之口；另一方面，又贪功冒赏，要把世间的好处一个人捞完。

特别是自天启五年（1625）坐稳了位置后，无论是朝中还是边境，凡诸臣有功，他必居首功；有赏，他必得其上赏。

天启六年（1626）正月，袁崇焕获"宁远大捷"，努尔哈赤被明军大炮击伤，不久郁闷而死。魏忠贤在此事上寸功未立，却加恩三等，荫其弟侄一人世袭都指挥使，其心腹党羽也各有赏赐，唯功臣袁崇焕受赐甚薄，后在舆论压力下，才升袁为兵部右侍郎。

时隔不久，魏忠贤又进封宁国公，魏良卿加太子太保，四岁侄孙魏鹏翼封平安伯，三岁侄儿魏良栋封东安侯。

真个是：赌徒出身，一门公侯！

袁崇焕被压制，完全是功臣之悲。刀头舔血立下的功，还不如谄媚的几句话。

他获胜的那一仗，打得不容易。魏忠贤提拔起来的兵部尚书高第，得知努尔哈赤大兵出动，闻风丧胆，下令全线撤回山海关，连十多万石军粮都扔掉不管了。只有袁崇焕拒不从命，决心固守一座孤零零的宁远城。

正月下旬，努尔哈赤率六万多人，逼近宁远城，号称二十万众，而袁崇焕麾下守城的明军仅有两万。袁崇焕写了血书，誓与城池共存亡，将城外居民动员进城，城外房屋粮食尽行烧毁，以坚壁清野。

宁远城上，置有十一门西洋"红夷大炮"，严阵以待。这些红夷大炮，购自澳门，是葡萄牙制造的新式大炮。

二十四日，后金大军摆开攻城架势，袁大人纹丝不乱，只与一名来"天朝"办事的朝鲜国翻译韩瑗（yuàn），坐在城头阁中谈古论今，大有诸葛孔明之风。

俄顷，城外放了一炮，声动天地。韩瑗害怕，不能抬起头。袁崇焕笑道："贼至矣！"于是起身开窗，俯看敌兵满野而进，城中却了无人声。

宁远，仿佛一座深不可测的空城。

总攻开始后，后金大军中，人马有重铠，前锋有战车。一时箭飞如蝗，宁远城上，墙垛中箭，箭镞密如刺猬。

待敌逼近，明军的西洋大炮开始点火了，每炮一响，烟雾飞腾，后金军里必是一片死伤。

但是后金军的悍勇也是了不得的！有少数战车，冲到了城下的炮火死角处，兵卒就开始猛凿城墙。时间不长，即有三四处地方被凿通，情势相当危急！

袁崇焕稳如泰山，他命人把官库中仅存的一万两银搬上城，凡击倒一敌，当场即赏银一锭。士卒见之，精神大振，无不用命，有面中流矢者亦奋勇不退。

袁崇焕还亲自挑土，堵塞缺口，一不小心中箭受伤，就撕下战袍一角裹上再干。主将如此，士卒们哪里还肯退后！

明军还将一些被褥包上火药，从城头扔下。那时正是寒冬腊月，估计后金的后勤保障也不大好，一见有免费的好货，就纷纷上去抢夺。待城头一放火箭，下面的被褥立刻腾起一片火海，后金战车尽被烧毁，人也烧死不少，凿城宣告失败。

这一天，一直打到夜里二更，城上一时举火，明烛天地，矢石俱下。战方酣时，明军于堞间推出木柜子，甚大且长，半在堞内半出城外，中间伏甲士，立于柜上，向下放出矢石，如是屡次。又投下沾满枯草油的物品及棉花，须臾，以火炮轰击，城外一片土石俱扬，火光中只见后金军人马腾空，乱堕者无数。努尔哈赤见城下士卒死尸枕藉，心为之沮，只得收兵。

第二天，再来一遍。努尔哈赤亲自督战，集中大股兵力攻城。袁崇焕登上城楼瞭望台，监视后金军动向，等到后金军冲到逼近城墙的地方，才命炮手瞄准敌人最密集处发炮。炮过处，打死后金兵无数。

这一天，后金阵中有一位非常重要的人物中炮（具体是谁不明）。有关史料均有记载：大炮击中一顶黄龙幕帐，击死后金一大头目，后金众军以皮革裹尸，号哭奔去。

据推测，正在督战的努尔哈赤，大概也是在这一天负了伤。

无敌八旗此时已被明军吓得胆丧，任凭首领如何挥刀督战，一到城下掉头就跑。这一天激战最为惨烈，到晚上，后金军基本不行了。

第三天，正月二十六日，后金军虽然还围困着宁远，但都离得远远的。一靠近，西洋大炮就是一通猛轰。

努尔哈赤完全没了主意。后来偶然发现附近的觉华岛上有人烟，就派偏师一支（蒙古军）去攻打。

岛上有七千明军，是负责看守岛上粮草的。由于装备不足，且是水军，战斗力不强，最后全部阵亡，其余七千商民也全部被屠杀。努尔哈赤心里才算是稍微平衡了一点儿。

大战三天之后，努尔哈赤知道斗不过袁崇焕，只得撤军。到二月上旬，后金大军全部撤到辽河以东。袁崇焕"凭坚城、用大炮"的守城战术，大获全胜！

当初宁远被围，举国汹汹。如今宁远捷报一到，京师士庶空巷相庆。天启也下旨称："此七八年来所绝无，深足为封疆吐气！"

天启七年（1627）初，后金皇太极又发兵攻朝鲜，约六万大军跨过鸭绿江，把朝鲜一举打服。

这一时期，袁崇焕一面与后金议和，一面争取时间，抓紧修建锦州、中左所、大凌河三城，把防线向前推进了一百七十里。

天启也完全赞同这种暗度陈仓的办法。

皇太极发现了明军的这一动向，觉得三城若是建完，无异是钉在自己脑门上的三颗钉。于是就趁在朝鲜大胜之机，发六万大军，从沈阳出发，渡过辽河，于五月十一日包围锦州。

明军守锦州的是赵率教、守宁远的是满桂等人，袁崇焕则在宁远指挥全局。袁崇焕一贯主张"守为正着"，以坚城利炮对付后金铁骑攻城，是以强项对弱项，因此各城只消守住，不须救援，不给敌人以野战的机会。

天启也很赞同这一战略，并且他还看好宁远才是山海关的屏障，责令袁崇焕本人不得离开宁远一步。这样即便锦州失守，宁远也绝丢不了，从而动摇不了根本。

在宁锦一线，天罗地网就这么摆下，等鱼上钩。

皇太极这人，比他老爹努尔哈赤的功夫差得远，在二十四天之内，与明军大战三次，小战二十五次，一点儿便宜没捞着。其间，在锦州和宁远来回跑了一圈儿，两围锦州，攻而不克。中间又偷空去了一趟宁远，就更不能得手了。

比较惨的是六月四日第二次攻打锦州。明军用西洋大炮、火炮、火弹和箭石组成火网，后金军连城墙的边都靠不上。

后金精锐冒死以车梯强渡护城壕，被火炮轰死无数，城下尸积如山，一仗就死了三千人。士卒回营后，抱头大哭，如丧考妣。

皇太极知道再打下去也是白送死，当天夜里就撤军走了。

此为"宁锦大捷"。

在两次大捷中，天启帝头脑相当清醒，用人不疑，指挥若定，后勤和兵员保障都很及时。但此次魏忠贤又贪天之功为己有，还指使其党羽攻击袁崇焕，污蔑袁与后金议和导致朝鲜被攻，甚至连撤销宁锦防线的提议都出来了。袁崇焕不服，上疏乞休。

天启这时候也变了脸，不承认自己曾同意议和。袁崇焕只得独担责任，凄凉返乡。

到七月、八月间论功，举朝又是盛赞魏忠贤英明。

顺理成章，对魏氏一门又是一番厚赏，魏良卿甚至封成了太师。这叫什么事！就连张居正也只是在临死前几天，才得到这个至高荣誉。

天下沐猴而冠者何其多也，不过像这样低劣的，绝无仅有。

那时，首投魏忠贤的阉党分子霍维华，已经当到了兵部代理尚书。他从爱妾的弟弟那里听说，天启已病入膏肓，活不长了，遂起了背离阉党之心，想悄悄为自己谋个退路。于是上疏，请将给自己的恩荫，转给袁崇焕。气得魏忠贤矫诏骂他："好生不谙事体！"

魏忠贤哪里知道，霍维华要的就是这一效果。

魏忠贤不仅要抢军功，其他的功劳——缉奸功、殿功、陵功等，一样也不放过。

天启六年（1626）三月，辽东人武长春在逛妓院时，一时高兴放了些狂话，讲了些前线明军与后金军作战的情况。他哪里知道，就是在窑子里也有东厂的眼线，结果被东厂逮入诏狱。

只要是落在了许显纯的手里，还有何口供逼不出来。一顿严刑拷打后，武长春承认了自己是后金奸细。恰在此时，明军在辽东有小胜，捷报驰入京师，许显纯趁机为魏公公邀功，上疏说："武长春为敌奸细，若不擒获，将为乱，全赖厂臣忠智立奇勋。"

是啊，这功立得也确实够奇的！天启一高兴，封魏良卿为肃宁伯，赐宅第庄田，颁免死铁券。吏部尚书王绍徽还嫌不够，赶紧献媚说，应该追封魏公公的祖先。天启欣然采纳，一口气追封魏忠贤的四世祖先，全都为肃宁伯，这才叫"祖坟冒青烟"了。

可怜这武长春，一张臭嘴惹来身受磔刑，连骨骸也回不了辽东了，只便宜了魏忠贤一门老小。

但也有另一种说法，说武长春确为后金奸细。后金的谍报事务，是由明朝降将李永芳负责的。李永芳每月花银一百两，收买与明朝辽东官员素有交往的刘保，令其按月递送情报。更有甚者，为了刺探军情，他还派了自己的女婿武长春出入京师，窥探消息。

据此说，武长春在明万历四十六年（1618），也就是后金的天命三年开始当间谍，混了一个明军的假身份，以催饷为名潜往京城。后金军攻陷辽阳后，武长春曾一度回到山海关，后又受命返回京师。

其时，李永芳托人携银七百两交给他，令他在京活动。其任务是：只要拿到有价值的情报，就马上送到山东平度州陈一敬家。武长春为便于在京城潜伏，特意买下了窑姐儿李凤儿，在杨梅竹斜街马家坊租房住了下来。

此间，武长春收买明朝官员季应诚、李廷柱、周应元、李廷栋、薛应魁等人，花费白银一千四百两；又冒顶杨武举的履历，谋了个守备官职，意在掌握兵权，充作内应。宁远之役开战前，他又潜入宁远，试图破坏，但见明军防范甚严，连闾巷妇孺都在参与肃奸，只得逃回京城，后被东厂缉拿归案，凌迟处死。

这个说法，言之凿凿，似乎更可信一些。但是别忘了，许显纯就是干这个的，不把口供做得像模像样，怎能轻易哄好皇上？

就算第二种说法是实，抓到一名间谍，与打赢两场保卫战，功劳孰大孰小？封侯的到底应该是谁？

就连天启帝完婚，魏忠贤也因此有荫封，不知他在这件事上有什么功？

此外，凡是重大的工程完工，魏忠贤都少不了有封赏。天启五年（1625）正月，泰昌帝的庆陵修好，魏忠贤得荫都督同知。天启六年（1626）九月，皇极殿落成，魏忠贤晋升"上公"，加恩三等，赐田两千顷。就连王恭厂大爆炸，都有人上疏请论魏忠贤"救火功"，结果还真就有封赏。

这样的冒功，不计其数。真个是"今日荫金吾，明日拜崇侯"，一门之内，竟然有锦衣卫三十余人、公侯七人。叔侄孙甥，无一不封，鸡犬一齐升天！

魏良卿原不过是一市井佣夫，给人帮工，后又卖菜谋生。而今封伯封侯，加太师，赐铁券，乘大轿，代皇帝去祭天祭祖，天下人都疑心：魏公公这不是想篡位了吗？

这个魏良卿的发迹史，独一无二，可谓史上最"成功"的一位帮工。

对于魏忠贤的历史作用，在明末就已有定评。阉党残余在南明小朝廷时期，虽也曾一度翻案，却只能越描越黑。

近年来，有人说魏忠贤没有那么坏，且有治国能力；还说东林党无能且小肚鸡肠，天启时代的东林党人私德也很糟，与阉党半斤八两……

这些新鲜之论，不过是逞一时口舌之快。想要彻底翻这个案，一要有证据，二要合逻辑。

东林党固然有偏激和策略失误的问题，但作为行政官僚，绝大多数是正直之人，能够做到清廉、爱民，不谄附恶势力。他们虽然迂腐、固执，对人品要求太苛，但这些都不是罪恶！

东林的六君子也好、七君子也好，若有一人像阉党那样"半斤八两"，何至于被"追比"成那样也交不够钱？他们只不过是退休官员，已经无权无势，又怎么能赢得百姓舍命保护？

有一种东西叫公论，也就是经得起推敲的历史评价，这是磨灭不了的。

再来看魏忠贤的作为。他在政治舞台上蹿红有七年时间，真正当国有两年半多一点儿时间。这个人，究竟有哪些经天纬地之才？看不到，也推论不出来。

前面已讲过，他所干的，无非是杀忠臣、驱良将、哄皇上、霸朝堂。对忠良的迫害，起的是离散人心的作用，对大明来说，罪莫大焉！朝堂上乌烟瘴气，朝廷的公信力降到最低，社会逐渐呈现出解体之势。

人心是白纸，对为恶者点点滴滴的恶迹，都记得一清二楚。

在历史的边角里，找寻魏忠贤的政绩，但没有。没有就是没有，一个人若是好，不是史家的一支笔就能埋没掉的。况且，古代人的史笔，也不像后人想的那样，可以随心所欲。

在这里，把史料上所载魏忠贤做的"好事"，尽可能地凑一凑，看他是否功大于过，或者可以两相抵消。

一、魏忠贤救火。天启六年（1626），御马草场失火，火势凶猛，魏忠贤亲自督率内外官员救火，三日方把火扑灭，据说他还亲自端盆浇了水。但是，当今也有史家认为，他大可不必亲自动手，其目的还是出风头，想捞取封赏。

二、魏忠贤注重节约。他曾经下令取消后宫长街的路灯，以节约灯油。但也有人认为，他这样做，是为方便他和爪牙晚上在宫里干坏事。

三、魏忠贤积极搞旧城改造。由于万历怠政，紫禁城内多处建筑颓败荒凉，内金水河也完全淤塞，成了互不连接的小水洼。魏忠贤亲领改造事宜，将破败建筑修理一新，金水河也得以全部疏通。

四、魏忠贤为前线筹集马匹。辽东战事吃紧，急需马匹，这个问题一直难以解决。魏忠贤为国分忧，想了个好办法。依明朝旧例，大臣有特殊贡献者，可赐给在宫中骑马的特权，不过作为条件，骑马者逢年过节要向皇帝进献好马一匹。魏忠贤一下就赐给几百名太监在宫中骑马的特权，而后就不断地降旨进马，逼得这些太监直骂娘。

当然，太监们也不是吃素的，你要马，我就买一匹老病马匹来应付。马交到宫中后，没有人好好喂，等分配到前线的时候，随到随死，哪里能充作战马？倒是可以常见军士们改善生活，大嚼马肉。

五、魏忠贤对待公文非常"认真"。魏忠贤的官职是秉笔太监，但他又是个文盲，这个矛盾集中在他身上，却也没难倒他。《酌中志》说魏逆不识字，从来不批文书。他看文件，掌握朝中大事，是靠听人家朗读。由于他颇有记性，又有决断力，所以显得比皇上还要"勤政"。

可是，一个不称职的人骤居高位，抛开党争的偏见不说，就他那个能力，在政务上也经常出笑话。天启六年（1626）初，兵部请示，要把镇虏关的提调（武官）董节，升为都司金书，同时兼管一个"游击将军"的事务。可是，报告到了魏忠贤这儿，发现有问题。他只知道提调与游击将军之间，中间隔了一级。此人为什么会跳级擢升？他认为必有行贿隐情，于是降旨责问。

兵部很快就有了解释，说"都司金书"一职，历来很少有实缺，仅是一个职级，没有需要实际负责的事务；所以"提调"一职任满晋升时，都以"都司金书"这个虚职兼管"游击将军"的实际事务，这是惯例而非跳级。

但魏忠贤是不肯认错的，他矫诏，把兵部主管此事的职方郎中余大成削籍为民。兵部尚书王永光急了，再次说明情况，为余大成讲情。但魏忠贤还是不听，训斥兵部，今后提拔武官要循级序，不得越级兼管。

这就是典型的以不知为知之。

在这前后，还有一件类似的事，倒霉的是阉党的一个小喽啰——礼科给事中李茂恒。

且说李茂恒写了一份奏疏，里面有一句话是"曹尔桢整兵山东"。魏忠贤一听：不对！这个曹尔桢，刚送给我一个大红包，我给了他山西巡抚的位置。他原是山东民事主官，只有到山西当了巡抚，兼管军民，才可能整兵，怎么在山东就整兵了？读书人，连山东、山西都分不清吗？在核心团队朱批的时候，他就吩咐，要批评李茂恒一下。

偏偏这个阉党小角色李茂恒，非要坚持原则，我就是没错！

上疏辩解道：曹尔桢原为山东布政使（民事主官），虽然已升职山西，但还未到任，不可能在山西做什么事。而年初辽东有警，皇太极有异动，兵部曾命令曹尔桢督促地方戒备，所以说"整兵山东"没什么错。

这一说还得了！这不等于说我魏某人是白痴吗？于是魏忠贤矫诏，斥责李茂恒"不恭"，也给削了籍。

以上所列，就是魏忠贤屈指可数的"政绩"。要说他有才干，也就这些。须知，官吏选用，须由正道，这是千年可循的规律。天启把这样一个文盲加流氓，硬给提到中枢位置，能干成什么样是可想而知的。

上述的救火、节油等，可以说的确是政绩。但他一个伙食长出身的太监，没经过从政的必要训练，也没有政治家的眼光和胸襟，目力所及，不过就是宫里的那点儿事。"朝菌不知晦朔，蟪蛄不知春秋"，关乎大明兴衰的三大要素——民生、吏治、边防，他怎么能弄懂？又怎么来管？

大明这辆马车，在他的驱赶下，不朝悬崖狂奔才怪了。

——魏忠贤，究竟好在哪里？

国家的事，天启帝愿意交给他去折腾，也就罢了。那么魏忠贤的私德如何？

他是个太监，私生活方面的问题不大，关键在于他贪污受贿的问题。

魏忠贤位居一人之下，操控用人大权；加之旧时任免官员的权力又集中在朝廷中枢，因此要想当官的，必须奔走其门。索贿受贿这一条，魏忠贤跑不了，逢年过节或者过生日，就更是公开收受。

阉党阁臣魏广微，有一年冬至忘了给魏忠贤送礼，惹得魏忠贤大怒，埋下了日后失宠的伏笔。

明代的开国皇帝朱元璋是个受过大苦的农民，出于对官僚腐败的痛恨，他制定的俸禄标准出奇地低，甚至低于最低生活保障线，这就必然引发官员大面积的灰色收入。钱不够用，就只好贪污。

明嘉靖以前，由于士风较正，对贪污受贿尚有所遏制。到了嘉靖这个昏庸皇帝上台，重用奸相严嵩，满朝贿赂公行，官场风气便一溃千里。

嘉、隆以后，更是唯贿是举，而人皆以贪墨以奉上司。经过张居正大力整顿之后，情况稍好。到魏忠贤崛起，贪风又大盛，买官卖官的现象，猖獗到不可收拾。

大概情况是怎样呢？崇祯元年（1628），户科给事中韩一良曾上《劝廉惩贪》奏疏，从中可见一斑。他说，想当都抚（大行政区）一级的官，没有五六千银子就不要想。道府（地区级别）美缺，非得两三千银子不可。一直到州县（市县级别）各官，都有定价。

官职有定价，这已和严嵩时代一样了。特别是大批已谋到官的人，既然花钱买了官，就要加倍赢回来。怎么赢？只有一个办法——"侵渔百姓"。

韩一良是个本分人，他如实报告，即使像他这样绝无交际之人，曾有两个月内就退还了别人贿金五百两。他是个多大的官儿？从七品，就因为能够参与官员的考核，便有人送钱。所以他在奏疏慨叹：其他可知矣！

再回想阉党给魏大中栽的赃，不过三千三百两；给黄尊素栽的不过二千八百两。诸君子要是有心想捞的话，这点儿钱，最多两年就可捞足。从这一点上也可看出，东林诸君子实在是太本分了！

那么，魏忠贤总共收了多少？因为他死后定的是逆案，崇祯帝算的是政治账，没有太在乎财产统计，其家产在混乱中也散失、转移了不少。但他失势后仓皇出京，随行携带的金银珠宝有四十辆车。事急的时候，为贿赂崇祯身边太监徐应元，一次就送了私宅三十余处，连带里面的财产与用人。

——对比一下，他和东林党诸君子的经济情况，何来"半斤八两"？

而且阉党并不是他一个人，而是一个集团，人人都贪，少有例外。

魏忠贤身边的第一走狗崔呈秀，原本就是因贪污被劾才跟东林党闹翻的。投了阉党后，依仗魏氏恩宠，收受的稀世珍宝不计其数。

那个把"好粥"听成了"好竹"的周应秋，也是因为向吏部尚书赵南星求官被拒，才和东林党闹翻的。杨涟、左光斗被害死后，他兴奋异常，深夜才回家，把睡在自家的一位客人叫醒，大叫道："天眼开，杨涟、左光斗死了！"就这么个臭名昭著的"煨蹄总宪"，在当了吏部尚书后，天天与下属李蘷龙商量，怎么卖官，怎么索贿，怎么敲诈百官。还定了明确指标——每日勒足万金，当时北京城里都叫他"周日万"。

这个贪污集团不仅仅是他们本人，还包括他们的三亲六故，也都为人奔走，放手受贿。社会资财，就这么源源不断地流向一个特定的集团。

贪官们要贪，必然会排斥正人君子进入这个集团，以免妨碍他们作恶，这就导致吏治愈发败坏。吏治一败坏，国家受害，百姓受穷，朝廷权威失去公信力，社会矛盾尖锐化，也就是所谓的"国将不国"。这就是阉党给明朝带来的最大祸患。

魏忠贤，究竟有何"治国才能"？

东林党人近乎苛刻的用人标准，也是有一定道理的。官员队伍，一定要是清流，这样国家才能正常运行。这条河要是浑了，国家的气数也就不长久了。

魏忠贤不仅受贿，还强抢人家的财产。行贿受贿，毕竟是一个愿打一个愿挨，而看见民间财富就出手抢，这基本就是官式土匪了。

这里要说的，是天启六年（1626）轰动一时的徽商吴养春"黄山大狱"冤案。

吴养春是南直隶徽州歙（shè）县（今安徽歙县）人，早在万历年间，他家就是雄踞两淮的大富豪。其产业覆盖范围，北到京津，南至两浙，各大商埠均有商号。经营范围涉及盐业、典当、钱庄、珠宝、绸缎、木材等，可谓家私巨万，富可敌国。

他祖孙三代又是书香门第，家筑藏书阁，一面经商，一面苦读。日本入侵朝鲜时，明朝出兵援助，其祖父吴守礼捐银三十万两助饷，万历帝一高兴，特赐吴守礼光禄寺署正荣衔（正六品）；赐其父吴时佐为文华殿中书舍人（内阁文官，从七品）；吴养春本人和其他兄弟三人也同被赐官中书。这在当时是一件盛事，史书上有"一日五中书"之称。

安徽的黄山，那时候是他家的私产，方圆三百六十里，三十六峰囊括其中，占地二千四百亩。这一片山上树多，每年采伐卖的钱，据说起码有十二万两之多。

明代是不禁止官员直接经商的，吴养春财大，本身又有官衔，所以有权有势，一般说来不会有什么问题。但倒霉是自内斗起，他与堂弟吴养泽因黄山产权起了纠纷，两人之间的诉讼经年不息。

黄山这片山场，是吴养春的父亲吴时佐留下的。兄弟俩争讼时，地方官府曾有"一半入官"之议，但奏报上去后，留中未发，不知是何原因。后因吴养春财大势大，赢了官司。吴养泽因为败诉一病不起，不久就死了。

吴养春错就错在不懂退一步海阔天空，非要赢者通吃。堂弟吴养泽虽然死了，却有个忠实家奴吴荣，为主子鸣不平，继续告状。

吴养春不怕这个小角色，一顺手，就以奴仆告主人罪把这愣小子送进了大牢。偏巧吴荣瞅个空子，从监狱里跑出来了，发下毒誓，要为主子报仇。

吴荣跑到京城，到处找门路告状，一找就找到了翰林院编修吴礼嘉。

吴礼嘉跟吴养春是徽州老乡，但与吴养春有仇，一听说有这事，便思报复，领着吴荣到东厂告了状。

估计状子也是这位翰林先生写的，头头是道。一是告吴养春家资巨万，为富不仁，一向结交缙绅，霸占黄山，砍伐树木货卖年久，获利何止数十万两……近因大工肇兴，采取黄山木植应用，养春胆敢遣家丁文节到京打点，企图停寝采木旨意。这一条，是告吴养春心疼皇家造宫殿从他那里白拿木头，因此买通有关部门不要再征用。不过也有疑点，这么大一件事，如何派一个家丁就能单独去办？

二是告吴养春创崇文书院，招朋聚党。这可是犯了大忌！一个盐商，怎么会和党争扯到了一起？其实，这也是告的刁状。

明末的盐商，是个很有势力的群体，多出自安徽、山西和陕西，他们发达之后，都愿意举家迁到杭州去住。但是当时朝廷有规定，没有户籍的子弟，不能进入当地府学读书，更没有资格参加乡试。这些外地来的盐商子弟，家中虽有钱财，却因户籍问题登不了仕途。

这个严重损害富人利益的体制弊病，后来被一个包青天式的人物给解决了。

万历三十年（1602）前后，明朝有个巡盐御史叫叶永盛，他很为这些盐商子弟惋惜，就向朝廷奏议，请求给盐商另置商籍，等同落户，万历帝觉得有理，就批准了。自此，盐商子弟的身份和浙籍学子们就一般无二了，不再是等外移民，可以在当地参加考试了。

这个爱惜人才的叶永盛，史料上记载不多，甚至连生卒年份都不详。他是万历十七年（1589）的进士，先后当过两浙巡盐御史、江西按察使。在御史任上共待了九年，上疏数十道，声震天下，后来升至太仆寺卿。

叶永盛为徽州老乡们义务办教育的劲头很大，在杭州借了一处别墅，为盐商子弟们办起了讲堂，地址就在烟水矶（西湖西侧）。在杭的盐商们对此感激涕零，纷纷送孩子来就读。

因为有的人家路远，子弟要坐小船来读书。叶永盛见了，灵机一动，干脆租了条小船做流动课堂，自己有空就到处去授课。这种奇异的授课形式，成了杭州四十二景中的一景，也就是"崇文舫课"，一直到清朝还有。

叶永盛任满离开杭州后，盐商们集资买下了这幢别墅，改称"紫阳崇文书院"，又在书院后面为叶永盛立了生祠，早晚供奉。在当时民众心目中，不搜刮的好官就可称"父母官"了，像叶老这样体察民情的好官，当然就等同于祖宗了。

所谓"崇文书院案"，就是这样一个来龙去脉。办书院的宗旨，固然是为富商服务，但也不失为好事一桩。可是在这个敏感时期，只要告你是"聚党"，那就百口莫辩。总之，这一状的要害是说吴养春私占黄山，得利千千万，富比石崇，将谋不轨，另外还贪赃六十万两银。

魏忠贤虽不以贪钱著称，但有这样一个大富豪进了他的笼子，他怎能不摩拳擦掌？

——来人啊，马上矫诏，榨钱！

天启六年（1626）八月，北镇抚司果然接到圣旨，责成地方官追赃，除了追赃六十万两外，还要把黄山现有木材作价三十万两，由官府变卖，以助"大工"——修宫殿正等着要钱呢。

这个案子，还牵连到当地富户程梦庚和吴君实，也被追赃十三万六千两。这几笔加起来，共一百多万两。这么多的银子，魏忠贤不可能一口吃下，他是准备公私兼顾。

不光是钱，政治上的好处也有。就因为这一案件，魏忠贤又有了"发奸剔弊"之功，得了一个荫锦衣卫指挥的封赏。

吴养春知道了这个消息，原以为自己不曾犯法，朝廷无非是要榨他的银子，便放手使银子去打点。其下狱之初，妻子汪氏为了救他，四处托人说情，不惜钱财，要一千给一千，要一万给一万，等到抚按追解时，私蓄已用去了大半。

官府要是打定主意要钱，那窟窿还能填满吗？钱如流水似的花出去，吴养春及其诸子最后还是被逮到京师，进了诏狱。锦衣卫堂官田尔耕亲自主审，在狱中三下两下，就把吴养春等一干人给拷掠死了（入狱者包括亲族共八人，仅有三人生还）。

人死了，钱还没缴够。魏忠贤心想：家里总还有家产吧？于是就在当年十二月，派了阉党工部主事吕下问，到徽州府去追查犯人家产，并负责变卖黄山木材。

这是一个肥差！吕下问不由心花怒放，带了小妾、仆人共三十余人，浩浩荡荡来到徽州，准备大捞一把了。旧时办案，不光是主审官要敲诈，他的随从也可以敲诈，红脸白脸轮番唱一气，不愁没人送钱。所以贪官也特别喜欢办案子，越大越好！

却不料，这一伙人到了徽州，一了解情况，傻眼了——吴家经这么一折腾，早就破产了，家里人也死了个一干二净。

吴养春的妻子汪氏感觉没活路，投缳自尽了，两个女儿也相继缢死，吴家老母随后气绝身亡。黄山之主，已家败人亡！

——怎么办？吕大人是奉旨前来的，追查不够数，自己还要吃罪呢。

不急，他自有办法。

吕下问这次能捞到美差，在于事先就送了魏忠贤一万两银。此外，事情是刘志选（就是认定自己能死在魏忠贤前头，冒险攻击张皇后的那个老家伙）做的中间人，办完差，还得送给老刘一万两。除了这二万两成本须得榨出来外，吕下问自己也需要捞到一个数，不然不是白跑一趟？所以他肯定要生事，肯定要敲诈。

　　吴家没油水可榨了，吕下问就到处"不耻下问"，查清了徽州富户的情况，开出名单来，强迫富户们买木材，而且是议价，任意索取。在原定指标三十万两之外，又多加了二万余两（用来抵销自己前期的付出）。此议一出，当地大姓豪门立即炸开了锅！

　　这次办案，吴养春有一个族人吴献吉也被牵连进去。吴献吉一看要被敲诈，三十六计走为上，跑了！吕下问就让当地衙门的公差，去向吴献吉的亲戚潘漠要人。恰巧这期间潘漠外出不在，公差们张冠李戴找错了门，跑到了邻居潘家彦的家去砸门。

　　说来也巧，这家的主人也不在家，家中只有一妇人。两个公差如狼似虎，破门而入，妇人被惊着了，不要命地喊："公差强奸啦！"众乡邻对衙门敲诈富户早就愤愤不平，一听喊叫，都赶来搭救。

　　两个公差吓得扭头就跑，一不留神，踩着门口的一块青石，滑倒了。众人一拥而上，愤怒之中，将两名公差活活打死，而后又焚尸灭迹。殴毙两个差人，暴民余怒仍未消，又大书"杀部安民"的标语到处张贴（"部"是指工部来人）。

　　歙县的知县倪元珙，见乱子要闹大，赶忙去见吕下问，告之其情可悯，众怒难犯，应以疏导为佳。吕下问是打着"魏"字旗号来的，有恃无恐，哪里肯听一个小县官的？只是不允。

结果，报应当即就来。当夜初更时分，当地大姓鼓动民众万人，包围了吕下问暂住的察院公署，呐喊攻击，声言要杀吕下问。还放了一把火，把察院大门给烧了！

吕下问这才知道，兔子急了也会咬人，不由得慌了，从后墙头翻出，狼狈逃窜。幸而身边还带有银子，就买通了隔壁做竹丝器具的人家，躲在人家的屋里。

他是没被百姓逮着，只是苦了他带去的一个宠妾陈氏。陈氏年方十八九岁，美貌绝伦，仓皇之间吕下问也顾不上她了，被民众从公署内揪出。一起被抓住的，还有三个同来的吕氏家人的女眷。暴民们为泄愤，就把这几个女子上下衣裳尽行剥去，令其当街裸走，几个女子遭此羞辱，只觉无地自容。

羞辱了女眷还不解气，众人还想寻到吕下问，也照样羞辱一番。一直寻到日落时分，仍没找到，百姓也就渐渐散了。知县倪元珙见众人散去，连忙派人寻着了吕下问，安慰一番，劝他连夜带了家眷走。吕下问这回是不敢不听了，倪知县就差人护送他出境而逃。

小妾被迫裸体游街，吕下问又慌又羞，只想跑得远远的。他怕在路上被民众查出，便把随身带来的圣旨都给烧了，一天之间狂逃二百里。一直跑到绩溪县还是心有余悸，爬到官署空房子的梁上躲了一整天，见确实没人追来，才战战兢兢地下来。

事情就这样闹大了，肯定要由地方官来处理。徽州知府石万程，不愿替魏党的混账们收拾这残局，就告病挂冠而去，剃发当了和尚。

这就是著名的"徽州民变"，是很给徽州添光彩的一件事。

但是其知名度远没有"苏州民变"那么高，而且不少当代史著在提到这件事时，都说是险些激起民众暴动，而不承认是一场已实施的暴动。

原因在于：其一，暴动的起因是众百姓为富户鸣不平，从立场观点上不大好讲。不过，明代是"士农工商"四民社会，富户也是民，官府无理侵夺民财而激起民变，其实也没什么不好解释的。

其二，斗争手段有侮辱妇女的劣行。这一点也不大好讲，但是放到特定历史背景下去看，老百姓这么干，出一出气，已算是相当"文明"的了。

民变之后，当地抚按上了一本，讲清了原委。魏忠贤见事情办成这样，也是没法儿。

这废物吕下问不仅丢了官，还白白丢了一万两银，只便宜了魏忠贤。

徽州人为此甚是鼓舞，都说是苏州人打校尉给他们壮的胆。魏忠贤有了上回苏州的教训，也不敢再派缇骑南下去抓什么首恶了——就是派了，也没人敢去。

但木头还是要卖，于是魏忠贤又打发太仆寺丞许志吉，去歙县继续办理。

这个许志吉是变卖木头这一方案的提议人。让他去，有"解铃还须系铃人"的意思。一开始，老百姓对他还抱有幻想，因为他也是歙县人，本乡本土的，下手总要留点儿情吧？

哪知道，许志吉一心想巴结魏公公，比吕下问还要狠，把原出售木材的指标又翻了一番！

撵走了一个，又来一个，看来事情未有穷期。当地一下又闹开了，群情汹汹！亏得知县倪元珙从中调停，百姓才安定下来。

事后，徽州巡按御史杨春茂，紧急召见倪元珙。倪如实陈述了情况，杨巡按对歙县百姓深表同情，及时向上禀报。宁国府推官邓启龙，同时也从中周旋，震惊徽州的黄山山场大案才得以平息。

牵连到这个案子里的徽州富翁程梦庚，就更冤了。他为人恃富傲慢，发达后，住在嘉兴府城里。过去，程梦庚在南京，曾得罪过贵州的一位田副使（可能是提学副使），那田副使后来升官到了嘉兴。程梦庚怕他刁难自己，就带了一万两银，前往京师活动，想要把这个官撵走。偏巧正赶上吴养春事发，程梦庚这一弄，一头就撞在了魏忠贤的罗网里。结果，坐赃十三万六千两，被逮后没过半个月，也死在诏狱里了，家私全部抄没入官。

这件事，只是魏忠贤恶行的九牛一毛，其品性之贪婪、手段之狠辣，令人发指，他又好在哪里？

好和坏，固然有公论，但在不同群体的心目中，评价标准是很不同的。在天启末年，朝中全是阉党，关于魏公公好得很的舆论，甚嚣尘上，渐渐地演化成了个人崇拜。

自天启六年（1626）中，明朝大地上陡然兴起一个为魏忠贤建造"生祠"的运动。什么是"生祠"呢？这是一个古老的风俗，最早起自汉代，即是为活着的人修建祠堂，以便歌功颂德和礼拜。

一般的宗族祠堂是为拜祭死去的祖先而设。拜祖先，在我们华夏伦理中，属于天经地义。而给活人建祠，则要严格得多——

须是公认的忠臣义士，方有资格受用，而且是由民众自发兴建。

魏忠贤是缺德的典范，他有何资格享受这个待遇？就因为阉党掌握了话语权。

掌握了绝对话语权的人，往往就要开始造神。

明朝的造神运动，始于阉党中的封疆大吏。据大多数史料记载，首倡者为浙江巡抚潘汝桢。最先提出动议的时间，是在天启六年（1626）闰六月。当然，也有文献表明，早在天启四年（1624）这个苗头就有，不过轰轰烈烈地成为一场运动，还是在天启六年以后。

潘汝桢在动议奏疏上说东厂魏忠贤，心勤体国，念切恤民。他举的例子是，当年两浙受灾，魏忠贤主张，免除为皇家输送物品的专营户向内库交纳的孝敬费用。

本书前面讲过，征用物品入库，须交纳小费，以便验收合格，这是明朝管库太监创制的恶例。如果废除这个恶例确有其事，那魏公公也算多了一件德政。

潘汝桢说，百年积弊一旦革除，有关专营户如逢再生，莫不途歌巷舞，欣欣相告。民众感恩戴德，因此一致请求给魏公公建生祠。

究竟是不是途歌巷舞，很值得怀疑。还有，这是不是商户的民意，也很值得怀疑。为什么只有说好的民意能反映上来，说坏的民意却一句也没有？难道老百姓都是由喜鹊托生的吗？

总之，潘巡抚代表民意，强烈地表示了这一愿望。民意当然不可违，很快就有批复下来，建生祠的事"宜从众请"——准了！

这个口子一开，大小阉党马上看好了行情：既然皇帝同意，魏公公也坦然接受，那就比比看，谁拍的马屁最响吧。

在一年多时间里，建造魏氏生祠的运动迅速在各地展开，有如封疆督抚们的竞相表态。据统计，所建生祠遍布九省，共有七十余处。

到后来更是建到京城里来了，内城、宣武门、卢沟桥都有，以至京城数十里间，祠宇相望。在南京朱元璋的孝陵和凤阳的皇陵旁，也有建造。

建一座生祠，多则几十万两银，少的也要几万两银，各地官员借此又狠狠搜刮了老百姓一笔。

平地起楼，必然要占用民地，拆迁民房，砍伐树木，甚至刨人家祖坟。河南一地建祠，就拆毁民房一万七千余间。其中开封府建的祠，仿照帝王规制，拆毁民房两千多间，老百姓有泪只能往肚里咽。

天启帝还应众臣之请，给这些生祠题写匾额，诸如"普德""广恩"之类。生祠柱上的对联则大书"至圣至神，中乾坤而立极；乃文乃武，同日月以长明"之类的颂扬词。每一祠内，都有官员专职看守。

在这个怪胎生祠里面，有一个最重要的怪胎，就是魏忠贤的塑像。这是供人们顶礼膜拜的，正式名称叫作"喜容"。这喜容又是何等模样呢？一般都是垂旒执笏，也就是戴着帝王的那种带穗儿的小帽，手执笏板。

对着这脑袋上插花的偶像，众官要五拜三叩，口诵魏公公于何年何月对自己的提拔之恩。

在天启末年，围绕这个生祠问题，黑白忠奸态度是泾渭分明

174

的。后人读这段史，真是如看一场大戏。

遵化兵备副使耿如杞，对生祠塑像有帝王之相颇感不满，仅半揖而去，被人告发，立刻逮入诏狱，安了"赃银"三千六百两，后又论为死罪。

工部郎中叶宪祖，对京城主干道两旁遍布生祠不满，私下讥讽，魏忠贤知道后，恼恨异常，将他削了籍。

顺天府尹（京畿行政主官）李春茂把生祠建于宣武门内，诸属官不肯揖拜，李春茂就独自行八拜之礼，而后觉得不是滋味儿，于是下令："不揖者死，后至者罪！"

那个跟七君子之一的周起元有过冲突的朱童蒙，后来被魏忠贤提拔为延绥巡抚。他虽然整军打仗有一套，但依附阉党也是死心塌地。为了感恩戴德，超规制建造生祠，用了皇家建筑才能用的琉璃瓦。

巡抚杨邦宪在南昌建祠，为占用地皮，竟捣毁了祭祀周敦颐、程颐、朱熹的"三贤祠"。

据说有个地方塑的魏氏喜容，因设计不周，帽子小，脑袋大，戴不上去。工匠顺手就把喜容的脑袋削下去一圈儿。旁边监工的小宦官见了，抱着魏公公的土偶大哭。那位不知轻重的工匠，当然也少不了挨一顿大棍。

有个国子监生员陆万龄，还嫌崇拜得不够，竟然上疏提议：以魏忠贤配祀孔子，以魏之父配祀孔子之父，在国子监西侧建立生祠。

无耻之尤，还有比这更甚的吗？从前乡人所言"墨水都喝到狗肚里去了"，当指此辈。

陆万龄还引经据典，说魏公公剪除东林党，相当于孔子诛少正卯；编《三朝要典》，则相当于孔子删《春秋》，其功不在孟子之下。

当时的国子监司业（教务长）林釬（hàn），认为此议荒唐之极，当晚就挂冠而去。另一位司业则将陆万龄之疏代奏皇上，并在大路上贴出告示说，上公之功，在禹之下、孟子之上。一位张姓太学生更是提议：把魏公公的土偶搬进孔庙，与孔子并列。

可怜的孔老夫子，生前奔波四方，惶惶如丧家之犬，死后谁都可以拿他来耍一耍把戏。

天启末年，崇拜魏忠贤的浊浪一浪高过一浪，诸阉对他的称呼也步步升级。从一开始还比较客观的"厂臣"，到后来的"元臣""上公""尚公""殿爷""祖爷""祖爷爷""千岁""九千岁"，最后竟然发展到"九千九百岁"。

历史上的皇族，尊称"九千岁"的曾经有过。但一个阉宦，其尊称竟然达到了"九千九百岁"，简直是骇人听闻。

他离皇帝的宝座，只有半步之遥了！

第十章

大明在这一夜天翻地覆

天道有恒，命运无常。

就在魏忠贤的政治狂舞达到极致的时候，一个意想不到的情况发生了。

一切，在瞬间倾斜。

这是天启七年（1627）五月，海内无事，边境无警，魏忠贤连续六个月得到封赏，好日子正在兴头上呢，天启帝突然要不行了！

天启自小身体就不好，即位后，魏忠贤更是不带他学好，纵情声色，成了病秧子。

屋漏偏逢连阴雨，这样孱弱的身板，偏偏还遭遇过一次溺水。那还是两年前，天启五年（1625）五月十八日，他在西苑（现北海）乘船游乐，一不小心翻船落了水。这可不得了啦，真龙天子，毕竟不是真的龙！

那天，天启在客氏和魏忠贤的陪同下，祭完了方泽坛（地坛），心情很不错。一行人到了北海，客、魏二人在桥北水浅处的大船上喝酒赏景，天启和魏的亲信小宦官高永寿、刘思源在深水处划船，王体乾在岸上观看。

几个人纵情欢笑，十分惬意。

合该乐极生悲，忽然一阵大风刮来，小船倾覆，三人一起落水，岸上的侍从吓傻了眼，一时手足无措。管事太监谈敬见大事不好，急了，带着几个人跳进水里去救人。

大家七手八脚把天启给捞上来了。那两个小宦官，谁也顾不上了，等到想起来，早成了鱼鳖了！魏忠贤也吓个半死，好在皇上没事，只死了两个亲信。为此，老魏还挺伤心，到鬼节的时候，也没忘隆重地祭奠了一下。

天启虽然没丢命，但经过这一吓，元气大伤，御医们用了不少药，却总是治不了根儿。

这么病歪歪地拖了两年，到了天启七年（1627）五月初六，皇上病情突然加重，起不来床了。

这个情况，可是太急人了。最感到焦虑的，当然是魏忠贤和客氏。荣华富贵，都指望着这个人，他可不能死！

客、魏在天启初年以来的弄权本领可谓一流，但他们那思路与手段，脱不了市井的局限，一直就没做长远打算。

把东林党扫荡以后，客、魏以为天下无敌，别的就没多想，乐一天算一天，根本没想到天启之后怎么办。

现在，两人才发现情形有点儿尴尬。客氏只顾了吃醋，后宫的娘娘们怀孕一个，就整死一个，侥幸活下来的皇子也没想着好好看护。

他们怕将来宫中的后妃母以子贵，势力坐大。所以只要弄得天启无后，他们就不会受到什么威胁。

可是现在才猛然发觉：威胁大了！

国不可一日无君，这既是古训，也是现实。天启要是死了，总得有个后继的皇帝，那么最可能接班的是谁？

——信王朱由检！

这个信王，他们就一直没去好好拉拢。不过，就算是他们有心拉拢，也未见拉拢得了，原因放到后面再说。

要是早些年，把魏家或客家的女子弄进宫，给天启做嫔妃，生个儿子做皇嗣，那也成。可是这一步他们也没认真做。曾经想把魏良卿的女儿，许给天启做皇后，但尚待实施，急切间也指望不上。只有一个容妃，是魏忠贤从民间挑选来的，据说还认了干女儿，她给天启生了皇三子。

这一条伏线，原本相当有用，可是王恭厂大爆炸遭天谴，把皇三子活活给吓死了。

最要命的是，宫里还有一个没来得及整死的张皇后，在天启驾崩之后，按例对由谁来继任皇位，张皇后是有很大发言权的。

瞧吧！下一步棋，可不大好走了。

本是普天之下愿怎么弄就怎么弄的局面，一下子没把握了！

客、魏两人在交泰殿的西偏房里，不知商量了多少回，最后还是没辙，只能想法儿把皇上的病治好再说。

但这病怎么治？医疗水平就在这儿摆着，没有妙手也回不了春。两人还是脱不开市井思维——我们就来"禳祝"吧，祈祷祈祷，心诚则灵。

他们的思路到了这一步，基本就是山穷水尽了，死马也要当作活马医。

魏忠贤叫人从内库中，取出带金色"寿"字的大红纱，给皇上的所有近侍包括轿夫一人四匹或两匹，做成衣服里子，在皇上面前穿出来，取个吉利。

这时候有人说，皇上如果搬到懋勤殿，暂住十天，就可逢凶化吉，魏忠贤马上采纳。

他还叫小宦官在宫内各处巡行，一边走，一边吆喝："万岁万安啰——"

其实，魏忠贤也知道，这不过就是尽人事听天命，不顶用的。于是吩咐亲信们，还是赶快去找偏方。

当时已经爬到兵部尚书位置的霍维华，上了个仙方叫作"灵露饮"。其制作方法颇为奇特，就是用粳米、糯米、小米等五谷，放进木甑（zèng，炊具）里蒸，在木甑下面，再放个大口银瓶，承接蒸出来的"米露"。这东西，不过就是淀粉汤水，因为制作过程复杂，因此显得很神秘。

天启服了米汤，觉得挺好喝，但服了几天后，毫无效果，病势反而加重了，身体浮肿，米水难进。

魏忠贤一急，就埋怨霍维华：你耽误了大事！

霍维华也颇不自安，就开始想退路。他想，自己目前掌兵事，是阉党一派的重臣，日后天启一升天，魏忠贤还坐不坐得稳，谁也不敢打保票，与其跟着冒风险，还不如现在就退。

于是他一反常态，对魏忠贤换了副面孔，昨天我是你的狗，今天我就跟你没什么关系了。他上疏要让功给袁崇焕，也就是这时候发生的事。

180

霍维华将自己和魏忠贤的界限划清后，索性上疏求去，不再跟你们玩了。

——最早投奔你，可挡不住我最先离开你。

魏忠贤当然恼火，降旨颇严厉，但眼下顾不上跟这家伙算账，愿走就走！他立刻让忠实走狗崔呈秀顶上兵部的缺。这个要害部门，关键时刻，还是要靠得住的人来管才好。

据说，魏忠贤在这一时期，也想了一些应急措施。第一个办法，由客氏养了八个宫女，都怀了孕，估计不是魏家的后，就是客家的后。然后打算效仿吕不韦事，进献给天启。等孩子生下来，名义上是皇子，实际上是客、魏的血脉，把朱家的血统先偷偷换掉了再说。

此事是客氏后来被拷问时供出来的，真假莫辨。

这八个宫女的事，有还是没有？如果有的话，为什么还没送进宫里去？内情不详。估计是刚刚怀上孕，还没找着机会送。

第二个办法，找个可靠的宫女，让她假称有孕，然后把魏良卿的儿子抱进宫去，冒称刚生了皇子，来个狸猫换太子，然后效仿王莽事，由魏忠贤摄政。

魏忠贤觉得这个办法好，准备采纳。他托人婉转地给张皇后带话，大意是说：宫女可能有孕，将来可以等皇子生出来，再定嗣君，就不要急着让信王入继大统了。

张皇后此时的情况并无太大改善，生死命运仍攥在魏忠贤的手里。她知道，如果不同意的话，天启晏驾之时，没准儿魏忠贤会下毒手。但她是个刚烈之人，绝无低头之理。她断然拒绝，告诉来人说："我知道这理儿，允了是死，不允也是死。一样是死，我不赞同魏公公摄政，死后尚有脸面去见二祖列宗之灵，你就这样回话去吧！"

魏忠贤得了这回话，恨得咬牙切齿，可是没办法。张皇后不发话，就没有理由摄政——摄政这事，人家没请你，你不能主动要求，这个计策也泡了汤。

第三个办法，名义上由张皇后垂帘听政，让天启先养病，而让魏忠贤摄政。这个办法具有过渡性质，每个人现有的位置表面看并没有多大变化，魏忠贤要的不过是个"摄政"的名义，应该易于实行。

天启七年（1627）八月十九日，文武百官进乾清宫，向皇上问安。魏忠贤觉得这个机会很好，就派人把几位阁老请进来议事。

魏忠贤正襟危坐，环视了一圈儿，说："各位，皇上龙体欠安，不能理政。然东兵压境，贵州、延绥等处也不安宁。军情紧急，是延误不得的。今日就与各位先生商量定下，再奏闻皇上，学那汉唐居摄事，等皇上病好了，再依旧自行裁夺。如此，方不致误了国事。"

说是商议，魏忠贤还是如往常那样，等于发号施令，只不过要阁臣出面来办。

哪知道此话一出，他亲手安排的一群阉党阁臣"啊"的一声，都惊呆了。大家的态度，出乎他意料。

内阁的几位都是精英，饱读诗书，熟知历史。他们知道，这个"摄政"非同小可！过去魏公公专权，怎么闹都可以，因为是皇上授权或者默许，法统上是没有任何问题的，现在要摄政，那问题就不同了。大家心里都明镜似的：魏公公这是要学汉朝的王莽、唐朝的武则天了。要知道，那两位"摄政"，到后来可都是篡了政的啊！

改朝换代，事关重大，后世留下什么名声暂且不说，就算是在当世，也有灭门的危险。况且，阉党成员虽然依附了魏忠贤，但毕竟是大明的臣子，观念上无法接受篡政。大家投奔到这里来，不过是想作威作福，没人想押上脑袋搞颠覆。

这种场合，如何表态？只有不作声。

见到现场的气氛很沉闷，魏忠贤已有些诧异，却又见次辅施凤来动了动，示意有话说。

施阁老早已经揣摩出众人的心理，一开口就侃侃而谈："公公，若论'居摄'，前代旧事已远不可考，且也学他不得（要掉脑袋啊）。我朝景泰时，倒是有过旧例（英宗被俘，景帝刚开始时就是摄政），那也该请一位亲王来摄政。我等忝列内阁，断不敢参与！若老公公以臣子身份为之，恐不能服天下之心。倘若生变，可就把老公公从前为国的心给泯灭了。"

魏忠贤本来对内阁的态度很有把握，原想这不过是走走过场，哪想到在党羽中竟有人反对，不禁气得面红耳赤，怫然大怒道："施老先生，我平日待你们浙人不薄，怎么事急之时，反倒作梗！"

说完，拂袖而去。议事不欢而散。

这个施凤来，分明是个软蛋，但当天的一番话，毕竟还守住了底线。

由于阉党有内部争斗，最早入阁的阉党成员魏广微、顾秉谦，此时都已先后下台，其他如冯铨等人，也都旋进旋出。如今内阁共有四人，首辅为黄立极，其余三人是施凤来、张瑞图、李国普。

其中李国普虽由魏忠贤引进，却是一位正人，决不依附阉党。除此而外，其他三人都是阉党。黄立极，也就是以半夜传旨一语，促使魏忠贤杀了熊廷弼的那位。

这几位阉党阁老，能在历史的转折关头顶住压力是有原因的，不过毕竟还是难得。后来，他们也因此侥幸保住了脑袋。

天启的病势加剧，不光是魏忠贤坐不住，朝臣们也很不安。七月二十八日，河南道御史倪文焕上疏，建议皇上要清心寡欲。

八月十一日，黄立极率百官到乾清宫问安，天启在西暖阁专门召见了阁臣。

天启对几位阁老说："朕本来身子就虚，近来焦虑辽东战事，终于累倒了，正在静养。凡朝中重大事务，都由阁臣与厂臣商量着办。"

第二天，八月十二日，皇上又召见了九卿、科道等官，聊了聊，对国事念念不忘，这有些像是告别的意思了。

就在这次召见中，天启发了一道上谕。其中有两个重大内容，一是重申对王体乾、魏忠贤的信任；二是透露了前一日接见信王朱由检的消息。

看来，他已经对后事的安排有所考虑，是在和群臣打招呼了。

信王入继大统的事，眉目似乎已渐渐清晰起来。无怪乎七天以后，魏忠贤就急着要商量"摄政"的事。可是，皇上已有言在先，对阁老们来说，这是个很难逾越的心理障碍。看来，关于摄政的动议，提出得太晚了一点儿！

——魏公公，也不应该埋怨诸阁老都是熊包，他们要是有参与篡政的胆量，怕也有骨气不来依附你魏忠贤了。

魏忠贤用人，遇到了素质方面的悖论，网罗的尽是些扶不上墙的家伙。

据传，魏忠贤在这时候，还有让福王入继大统的意图，毕竟他和李选侍、郑贵妃这一系还有些渊源关系。但是也有人认为，这个说法不大可能，因为福王是万历帝的儿子，是泰昌帝的弟弟，亦即天启帝的叔叔，皇位历来只有向下传、向幼传的惯例，除非特例，很少有逆向传位，何况天启帝还有一个现成的亲弟弟。

总之，这些真真假假的谋划，说明魏忠贤在突发情况下，显然乱了阵脚。

天启在上谕里的一句话，实际上已决定了事态的走向："昨召见信王，朕心甚悦，体觉稍安。"

这说明他不仅主意已定，而且该交代的都交代好了，权力交接已完成了最关键的一个程序。

明眼人心中自然有数。

天启的这一决定，是他最后也是最清醒的一个政治决定。长期以来，魏忠贤及其死党，对天启虽然有极强的依赖感，但只是想借皇权营私，实际上是把他看成"昏童"，没有一件事不是在忽悠他。

杨涟曾说过，宫中府中，大事小事，无一不是魏忠贤专擅，反觉皇上为名，魏忠贤是实。这一点儿也没错。

黄立极、施凤来、张瑞图在票拟时，言必称"朕与厂臣"。每一道圣旨发下去，究竟"朕"知不知道都很难说。

魏忠贤以往狐假虎威的事，数不胜数。前些年，宁安公主的儿子李承恩家中，收藏了几件皇上赐给公主的器物。魏忠贤就诬陷李承恩盗乘舆、服御物，将李下狱处死。李承恩是嘉靖帝的女儿宁安公主的嫡子，也就是嘉靖的亲外孙、万历的表弟、天启的爷爷一辈人，是皇家一个不算疏远的表亲。这种皇亲叫作"戚臣"，一般人是不敢惹的，魏忠贤选中李承恩作为打击目标，就是为了立威。

魏忠贤自从天启四年（1624）之后，经常出京。春秋两季，要去天寿山祭天启帝的生母王娘娘，然后去西山碧云寺，祭祀他当初的本管太监孙暹和照管太监刘吉，还曾远至涿州娘娘庙进香。史载，他每次出行，随行队伍竟达数万人，其中有三千铁甲军护卫前后，旌旗招展，歌吹伴奏，其气势之大，与皇帝出巡一般无二。

天启三年（1623），魏忠贤看中了西山碧云寺后面一块宝地，将其作为预造墓地，建起的墓园雕梁画栋、金碧辉煌，有石人戴朝冠而立，石雕羊虎驼马成排，规模等同帝王。后来到清康熙年间，御史张瑗从这里偶然路过，竟疑心是前朝的皇陵。询问了当地的士绅，才知道原来是"逆珰"的茔地。

魏忠贤把持朝纲，自内阁六部至四方督抚，遍置死党。群小趋奉，毫无廉耻，形成了在文官系统之外的私人势力。以"义子""十狗""十孩儿""四十孙儿"这类不伦的私人关系，结成死党。

就连首辅顾秉谦也曾在魏氏面前丑态百出。他年龄远长于魏忠贤，带着儿子去叩见，称自己胡子都白了，直接做魏公公的儿子不合适，但魏公公可以把他的儿子收为"义孙"。

所有这一切，都是魏忠贤架空皇权的行为。天启或者不知道，或者知道了也不以为意。他对魏忠贤的信任至死都没变。那么，在生命的最后一刻，为何没把选皇嗣的事交给魏忠贤去办呢？又为何要突然放出信息，说已经单独接见了信王呢？

——在历史的急转弯处，常常会有这样扑朔迷离的环节，让后世的人看得很迷惑。

一种说法是，魏忠贤向张皇后打招呼被拒之后，张皇后马上劝天启赶快召立信王。天启倒不急，说："魏忠贤告诉我，后宫有二人怀孕，他日若生男，可立为皇储。"

张皇后说，这样绝对不可以！她把道理摆出来，天启也明白了这里面的利害，立刻秘密召见了信王。

事情假如是这个样子，那么，张皇后是用怎样的几句话把天启给说动了呢？很简单，只需说一句"谨防有人狸猫换太子"。

但另外还有一种说法来自刘若愚，他说，八月十一日，天启召见信王，是王体乾、魏忠贤一手策划。

那么，这就怪了！魏忠贤究竟有没有"异志"，是否曾图谋篡立，显然成了个问题。

关于魏忠贤有"异志"的说法，各类史书上的记载可说是五花八门。除了前面提到的之外，还有说他想搞武装政变的。

一是说，他曾与掌锦衣卫的田尔耕商议政变。田尔耕没胆量，魏忠贤只好作罢。

还有人说，他曾与兵部尚书崔呈秀商量过此事。崔呈秀踌躇再三，只说了一句："恐外有义兵。"这是说苏州民变，前车可鉴。

实事求是讲，这两个说法就算是有，也仅止于密室谋划，其余未见魏忠贤有何异动。他训练的"武阉"，人数最多时达万人，常备的精兵也有三千，可随时出入宫禁。但在这一时刻，没见他有特殊的调遣。此外，他在此时也没向各封疆巡抚打什么招呼。

唯一可解释得通的是，他可能确有"异志"，但慑于民意，同时在操作上也不好实行，所以颇感犹豫。最终考虑到风险太大而作罢，转而顺从大势，以求一个平稳结局。

魏忠贤做了这样的选择，有人说他是忠于天启的，不可能谋逆；也有人说他毕竟是小人物，根本无法应付变局。

其实，他已经不是小人物了，能够有板有眼地剿灭政敌，控制全部官僚集团，具有这样本领的宦官，明朝仅此一位。他既然能做到这些，就能考虑到天启驾崩之后有巨大的不可预见性，必须有个适当的对策。

他面临一个重大抉择：篡还是不篡？前一个，有找死的风险；后一个，有等死的风险。最后，他还是选择了风险较小的一种。

这也是一种谋略，只是有误区。他以为，自己即便保不住一人之下的位置，总还能保持一个晚年的荣誉吧？

老贼被他给自己戴的神圣花环给迷惑住了——像什么先帝信任、位极人臣、朝臣拥护等等，这些东西，在下一个时代好使吗？

他忘了，自己在扫荡东林党时是何其毒也。作完了恶，还想软着陆，那可能吗？

权奸也许想不到，自己在众臣和百姓评价里有多坏，尤其像魏忠贤这样天天被阿谀的人，已经失去了对事物的基本判断力。他既然定下了软着陆的方略，当然就要在权力过渡时尽心尽力，以求给未来的新帝一个好印象。

俗话说，官不打笑脸人嘛。

——那么，信王的情况如何呢？

据说天启在召见信王的时候，凝视了弟弟许久，说道："阿弟如何这么瘦？要善自保重。"

信王跪在御榻前，只是哽咽，不能作答。

天启又说："吾弟当为尧舜。"

信王万没想到，召见竟有这样一层意思，大惧，连忙说："陛下出此语，臣罪该万死！"

天启此刻已顾不得来虚礼了，先嘱托要善视中宫（好好待你嫂子），又嘱咐魏忠贤宜委用。

信王知道，储君可不是好当的，丢命的概率非常之大。他听完吩咐，心中惶惶，不想在榻前久留，连忙叩头退出了。

也有人说，就在信王推辞的时候，张皇后从屏风后出来，急切道："皇叔义不容辞，事急矣，恐生变故！"信王为大义所激，终于接受了遗命。

这个说法，不妨视为小说家言，不一定有，但很逼真。

信王为何要如此战战兢兢？

因为他看清楚了：明朝命运的砝码，在此刻，就是他朱由检的一颗头颅！

信王朱由检是泰昌帝的第五子，生母是刘氏，与天启同父异母。

他生于万历三十八年（1610）十二月，比天启小五岁，时年十七岁。生母刘氏初入太子宫时身份是"淑女"，后来因失宠，郁闷而死，死时才二十三岁。那时泰昌帝常洛还是太子，把一个小老婆给气死了，怕老爹万历帝责备，就悄悄埋在了西山。

刘氏死那年，信王由检才五岁，太子常洛把他托付给最宠信的李选侍（西李）抚养，后来西李自己生了个女儿皇八妹，由检便又被转给另一位李选侍（东李）抚养。东李是个正直的女人，对由检人品的形成，有相当正面的影响。

起码由检在生活上是严谨的，不像哥哥那样浪荡。东李后来在天启元年（1621）封了庄妃，由于为人正直，没少受客、魏的欺负。东李常常跟小由检讲起魏忠贤服饰逾制、不成体统的事，讲述时愤恨异常，这也给由检留下了深刻印象。

庄妃死时，由检十分悲痛，在他心里是把东李视为生母的。

由检在天启二年（1622）被封为信王，处境变好了，就越发思念生母刘氏，曾派近侍太监悄悄去西山祭奠，还叫人画了母亲的像，置于室内。

由检在天启六年（1626）之时，迁往信王府邸居住。天启七年（1627）二月大婚，娶了南城兵马司副指挥周奎之女为妃。

由于幼时的教养比较好，他与天启的性格截然不同，史称智识深远，寡言笑，是个城府很深的人。

内廷的太监都很怕他，连魏忠贤对他也颇为忌惮，曾派人去试探，故意在他面前说魏的坏话。

信王虽年轻，这点儿猫腻还是骗不了他的，所以就假意斥责来人："魏公公有辅佐之才，连皇上都很眷怜，何况本王以后还须借重他，你休得在此妄言，否则招祸！"

密探照此回了话，魏忠贤听了不免得意，也就不再把信王放在心上。

天启五年（1625）之后，魏忠贤已搞定了外廷，气焰愈张，信王也就更加谨慎，深自韬晦。等到天启病倒后，他索性就装病不去朝谒了。

这个未来的皇帝，在登极之前，竟然长期不在明朝的政治中心！

为了掩饰得更像一些，他还携带着小宦官，微服到街市上乱逛，随便什么鸡毛小店都能进去歇歇。

这个王爷，太没个样子！估计魏忠贤的耳目，也就是这么向上面禀报的。这就是信王的韬略，他的原则是：只要安全就行，现在除了忍，还能怎么办？

当然，深入民间也并非虚掷光阴，他耳闻目睹百姓对魏氏专权的愤恨，对他将要面临的政治博弈，起到了至关重要的作用。

大明晚期悲喜交集的一天终于到了！

天启七年（1627）这年，熬过了春夏，到了八月二十日，皇上终告病危。上午，大太监李永贞御前请安，问过近侍，得知天启鼻中曾流出非血非痰之物。下午，医官又到御前问安，据此症状开了药，但到底是回天乏术。

二十二日上午，阁臣黄立极、施凤来跑来见信王，急请信王入视皇上病况。信王朱由检心知不妙，匆匆进宫去，最后看了一眼弥留之际的兄长。据说，此时张皇后对他有所叮嘱。

当天申时（下午三点钟到五点钟），天启帝驾崩，时年二十三岁。

天启死亡的这个时刻，史有明载，得到现代史家的公认。但《明熹宗实录》《酌中志》《三朝野记》三书，均称天启帝在二十一日就已晏驾，诸阉秘不发丧，到第二天消息陆续走漏，才由张皇后发懿旨，公布中外。这一说法，无法证实。

可以肯定的是，到当天黄昏时并未发丧，魏忠贤需要有一段时间来考虑对策。等到了晚上，他慌乱无主，想急召崔呈秀、田尔耕进宫来，秘密商议，但苦于宫禁大门已上锁，宿卫之士森然，外人根本不可能在夜间进宫，只得作罢。

时间在一刻刻流逝，可谓一刻重于千钧！魏忠贤既已决定顺从，就不敢担负"秘不发丧"的罪名，只得硬着头皮，去向张皇后请示。张皇后马上传出懿旨："奉大行皇帝遗命，速召信王入宫。"

寥寥数字，预示着自这一刻起，大明朝已是天翻地覆了！

天启算是个短寿的皇帝，但却当不起"英年早逝"四个字。七年在位，一派昏乱，除了在处理辽事上尚有可取之处以外，内政上的种种措置，无异于自杀政策。他以皇帝之尊，为群小开道，张顽竖之焰，寒正臣之心。临死前召见大臣时，还不忘叮嘱，魏忠贤、王体乾恪谨忠贞，可许大事，企图将他一手扶起来的阉竖集团，保持到后天启时代不垮掉。

最可怪者是在临终前，居然还要交代后继者当为尧舜。明末从万历帝开始，几乎每个皇帝在交代后事时，都有这个话。若他们真的有此远志，为何自己又要花天酒地？皇权下的"名"与"实"，其背离之远，有时真是令人齿冷！

张皇后的懿旨一出，才算把这个荒唐年代终结了。魏忠贤为向新帝表示忠心，连忙亲自奉懿旨，来到信王府，一见信王，就伏地大哭。信王见此，已全都明白了，当时也忍不住哭泣。

魏忠贤恭恭敬敬将懿旨交与信王，信王仔细看了上面盖的印，确认是真的无疑。

他刚要起身随魏忠贤进宫，忽又想，**魏阉的势力遍布宫中**，如果这是想把他诱进宫中杀掉，策动政变，这一去，岂不是踏上不归路？

更深人静，信王越想越怕，就托词道："天未明，诸大臣又尚无一人入值，我怎能仓促入宫？当宣懿旨，启禁门，召见诸勋戚大臣等入宫，议大行皇帝丧礼。我德望俱薄，岂敢嗣位？当听勋戚大臣之意，共推贤德亲王入继大统。"

信王当下拿定主意，就是坚决不入险地。魏忠贤此时，倒是没有二心，知道信王是个有主意的人，不能强求，只好自己先行返回。

到后半夜，诸大臣都接到了讣告。天一亮，廷臣们就全都赶到了皇极殿前，准备参加丧礼，却见殿门有值门太监阻拦，有人便大声向太监发问："皇上有遗诏否？"

见人情汹汹，魏忠贤只得亲自出来，正式宣读了遗诏，并说："已有懿旨速召信王入内，容再议。"

大臣们一听就嚷开了："信王贤德，以弟承兄入继大统，天下服其贤久矣，何必再议！"

于是阁臣黄立极、施凤来和英国公张惟贤等人，立即赶往信王府劝进。信王见大臣们已知道了消息，安全有了一定保证，这才答应嗣位。

皇帝驾崩是个大变故，诸阉顿时惶惶如丧家之犬。一切事宜，似乎都茫无头绪。

皇极殿前，仍是一片混乱，有太监出来，告诉廷臣应该穿丧服。诸廷臣连忙退去，回家换好了丧服，又匆匆赶来。

等人集齐，却又有太监出来通知：现下还未到"成服"之时，诸位还是要穿常服。

大家只好再回去换衣服。如是，在路上奔走好几趟，都累得气喘吁吁。

史上从汉代起，就有"哭临"仪式，即在皇帝丧忌之日，群臣临殿，且夕各哭十五声，以示追悼之意。

明代也继承了这一传统。朱元璋死后，建文帝怕出现混乱，还特地让礼部制定了有关礼仪，规定京官在闻丧的第二天，赴宫内听遗诏。然后一律在本署公廨内"斋宿"（与妻妾分开住），早晚在灵位前哭临。三日后"成服"，也就是穿上丧服，早晚去殿上哭临。这个程序，一直延续到下葬为止。二十七天之后"服除"（守丧期满）。

天启死后，宫内混乱，这些祖制险些都给忘了，所以才有这颠三倒四的场面。

待众臣再次换好衣服回来，殿门仍未打开，也没有哭临开始的迹象。众臣哀求了值门太监多时，才得以入内，大家在殿上哭了一回。

此时，王体乾、魏忠贤也在哭临的行列里。礼毕，只有王体乾发话，叫礼部筹办丧礼。而魏忠贤则眼目红肿，一语不发，显然是方寸已经大乱。

众臣哭临完毕，陆续退去，魏忠贤这才缓过神来，急召兵部尚书崔呈秀入内。

可能魏忠贤在这个最后关头意识到不对，想实施篡位方案，但崔呈秀认为时机尚不成熟，因而作罢。

魏忠贤的老搭档客氏，在这一天也慌了手脚。她还不如魏忠贤，魏是堂堂正正的内廷首脑，而她却没有任何合法职务，在宫里待着，名分上是非法的。天启帝一死，宫中就不大可能有她的一席之地。一想到这个，她居然不是为自己谋退路，而是以市井贪妇之心，干了一件愚不可及的事。

她把自己的儿子侯国兴唤来，让他趁乱把宫中的珍宝搬一些回家去。这样，后半生的吃喝用度，就有指望了。

侯国兴比他老娘要明智一点儿，心想皇帝一死，老娘的地位就不比以往了。这么干，万一被抓住，风险实在太大。但这些宝贝如果不偷，今后将永远没有机会了。想来想去，还是去找了魏良卿，合谋同盗，心想一旦暴露，还有魏忠贤给挡一挡，不会有大事。

这魏良卿也未脱市井的贪婪习气，一听这馊主意就欣然同意。两人找了客、魏的两个心腹宦官帮忙，不到半日，竟把宫中的稀世珍宝，盗走了十之三四，远远超过了客氏的设想。

当口，管库太监发现侯国兴在盗宝，便要来抓，但见魏良卿也参与在内，就都不敢下手了，任他搬走。毕竟魏忠贤还在位，惹不起。

两人盗宝成功，不禁欢天喜地。

小人之卑鄙贪婪，往往不可理喻，都死到临头了，还要给自己套绞索。

二十三日这一天，次辅施凤来通知礼部，把新帝即位与哭临的仪注（程序表）送入宫中；又命令禁军的武官带领所部兵卒，上街站岗，从皇城内一直摆到十王府前，以备不虞。

然后，文武百官都一股脑儿地拥到信王府邸去劝进，由礼部出面，三上劝进笺。照例是三劝两让，把那套虚礼一遍不少地演出了一番，信王直到接了第三道劝进笺，才表示勉从所请。

二十四日五鼓时分，阁臣勋戚先到信王府，接了信王来到宫内灵柩前，宣读遗诏。读毕，新帝在群臣簇拥下，受了遗诏，换上皇帝衣帽，拜过天地祖宗，然后往龙椅上一坐，这才算登极了。

这天，魏忠贤也派了司礼监太监兼忠勇营提督涂文辅，一道迎信王进宫。

现下虽是大局已定，朱由检见众臣来迎，仍是不敢大意。想起张皇后在前几天曾叮嘱过勿食宫中食，便在袖中塞了岳父周奎家做的面饼，才随了众臣进宫去。

登极仪式也显得很混乱。三大殿自从万历二十五年（1597）被烧毁以后，不久前才修复完毕。修好仅五天后，就在这里举行登极大典，鸿胪寺的官员们简直忙昏了头。各司仪官员分为东西两列，乱纷纷还未排好队，新帝就已头戴冠冕，来到了建极殿。

这时，奉命去南郊查看祭天准备的魏良卿，恰好归来禀报祭天事宜。朱由检听完禀报，大声答道："知道了！"其声十分威严。然后昂首挺身，在众官簇拥之下，穿过中极殿，来到皇极殿，登上九级御阶。

新天子在御座前停下，喝退了立在御座旁的两名太监，正式登极。

从这一天起，这个少年皇帝就开始精心策划，要建立起一个令人敬畏的形象。

帝国最高级别的一场较量

朱由检，这个突然当上了皇帝的人，不得不万分谨慎。他现在名义上是天下第一人，但无论宫中或朝中，都没有他的基本势力，几乎是单枪匹马，孤零零一个人踏进了魏忠贤苦心经营了七年的地盘。说得严重一点儿，此刻，是连生死都掌握在人家手里。

二十四日这一晚，他忐忑不安，不仅不敢吃宫里的饭菜，连觉都不敢睡。

漫漫长夜，秉烛独坐。

无上的权力与脆弱的个体，构成了某种凄清的效果。

危险好像就潜藏在夜色中，潜藏在那近万间屋宇中，朱由检没有丝毫倦意，目光炯炯，环视四周。

忽然，他看见一个太监佩剑走过，心里不由一惊！

他把那太监唤住，假意要观赏，要过剑来把玩了一阵，又放到了面前的小几上。然后许诺天亮后赏给银子，把那太监打发走了。

夜渐深以后，朱由检听到外面有巡夜人的更鼓声，就对留在身边的近侍说："巡夜甚苦，应赏酒食。"而后又问这笔开销应从哪里支出。

近侍太监答道："从光禄寺出。"

朱由检立刻传旨光禄寺，准备夜宵。待宫中太监取来酒食，犒赏禁卫兵卒时，众人欢声如雷。

这一夜，在宫外信王府邸的王妃周氏，也紧张得一夜未眠，不时向上苍祈祷问卜，唯恐夫君遭遇不测。

能把新皇帝吓成这个样子的，绝非平庸之辈。

此后几天时间里，面对魏忠贤这样的对手，朱由检采取了引而不发的策略。一方面，对魏保持了不近不远的距离；另一方面，只专注地做新帝该做的一些事。

一般说来，新帝对于旧政，应该有一个明确的态度。但是他没有，就像一切都没变化一样。

魏忠贤当然也在窥测，他凭本能感觉到，这位新帝与天启很不同。但是，下一步这个年轻皇帝能干出些什么来，不好估计。在没有新情况出现时，魏忠贤只能无所动作。

两个人，就这样开始了帝国最高级别的博弈。

朱由检现在要做的事情多着呢，首先当然是公布即位诏书，向天下万民宣布，明年改元。

内阁在劝进那天，就给了他四个年号供选择。前三个，他都没选：一是"乾圣"，他说这"圣"字他不敢当；二是"兴福"，他说亦不敢当；第三个是"咸嘉"，他又嫌"咸"字中有个"戈"，不吉利。

最后，选了"崇祯"这个年号。

——殊不知，他这一笔落下，为晚明添了一个说不尽的伤心年代！

这位崇祯皇帝，这时候还没满十八周岁。一个花样年华的少年，要对付的是史上最有权势的大太监；要拯救的是二百年沉疴缠身的老大帝国，好难啊！

刚刚送走的那位皇帝哥，也要有个了结才行。在公布即位诏书的同一天，阁臣施凤来和大太监李永贞就去了天寿山，为天启帝选墓地。国库现在很空虚，但钱再少也得葬皇帝，廷臣们都主动捐了些银子。

礼部送来了为天启拟的谥号和庙号，庙号是"僖宗"。崇祯大概觉得"僖宗"太扎眼，能让人想起宠信宦官、惹出黄巢起义的唐僖宗，于是顺手就改成了"熹宗"。

《明史》说，嘉靖以后，纲纪就开始败坏了，到万历末年，已经废坏到了极点，即使有英武之君出世，也难以重振了。而熹宗的时代，偏偏又是朝政最黑暗的时候。

《明史》是清初人修的，有切肤之痛的人，说得就是透彻。

为大行皇帝上了谥号，接下来的事就是给皇家的女性亲属"正名"。崇祯让礼部好好酝酿一下，准备封自己的生母为皇太后，封自己的正妻周氏为皇后。

虚的事情做完了，又开始做实事。当了皇帝，首先就要掌握部分直接的兵权，以备万一。正好崇祯的岳父周奎，原先就是个武官，这一次，立马就升为右军都督同知。"都督同知"是五军都督府里的次官，官阶很高，是从一品，在调派军队方面，有一定权力。

两位大舅哥周文炳、周文耀，都任命为兵马司副指挥，负责巡城防盗，可以掌握一些武装力量。

此外，提高自己的文化素质也很重要，筹备"日讲"的事被提到了日程上。

这些琐碎的安排，一切正常，没看出有大动干戈的意思。

但是魏忠贤却感觉到，这种平静其实很不正常，他必须小心提防新帝的水有多深。想想也没有别的办法，只能试探着去巴结。

可叹他管理国家也有两三年了，竟不知拿出些救国济民的好点子来赢得新帝信任，反而又使出了鸡鸣狗盗的歪招。

他想，现在这个皇帝就是再英明，不也是个男人吗？能拿下男人的，唯有女人。崇祯即位后不久，魏忠贤就以关心为名，进献了绝色女子四名。

可是崇祯与他那个好色的老爹泰昌帝可不同，他的孔教底子打得好，根本不吃这套。

不过，崇祯并没有拒绝，像个正常男人一样"笑纳"了。他怕拒绝了以后，魏忠贤会起疑心。

四美女献上来的时候，崇祯怕里面混有异谋者，叫人搜了身。匕首、毒刺什么的倒没发现，只发现她们每人裙带上都佩了香丸一粒。

这种香丸名曰"迷魂香"，只有黍子大小，其实就是催情药。崇祯知道这个"红粉军团"是准备腐蚀他来了，就严命她们将香丸毁掉。

一招失败，魏忠贤又进了一招——不从意志上击垮皇帝，又怎么能控制得住皇帝？从某种意义上说，魏忠贤的这个切入点，也不见得只是下作，他的思路一向就这么奇葩。

一天晚上，崇祯正在便殿批阅奏章，忽然闻到有一股若隐若现的异香，让他春心大动。

他感到奇怪，就命近侍秉烛前导，寻遍了各处却一无所见。后来发现殿角有火星闪烁，近前一查，原来这里有个复壁，像是地道。打开墙壁一看，一个小宦官持香坐在里面！

这还了得，手脚都做到身边来了！把人拎出来一审问，小宦官招认，为魏公公所指使。

崇祯顿时心明如镜，长叹了一声："皇考、皇兄皆为此误！"

他也没把小宦官怎样，只是让他毁掉迷香，责令小家伙不许再干这事了。

魏忠贤见崇祯拒绝腐蚀，一点儿破绽也没有，知道遇到了厉害角色。下一步怎么办，要另想办法。争取崇祯的宠信看来不容易了，那么，首要的问题就应该是避祸。这件事，他跟王体乾、李永贞商量了一下，李永贞给他出了个主意：去结好徐应元。

徐应元现在是崇祯身边的亲信太监，魏忠贤当年进宫时，两人算是"同年"，在宫里又发展成赌友，在魏忠贤发达之前两人关系很好。魏忠贤发达后，不再把徐应元看在眼里，关系就疏远了许多。徐应元先前跟随信王在藩邸，见旧友魏忠贤竟那样霸道，也是相当不满的。

现在的情况是时移势易，魏忠贤立刻展开对徐应元的微笑攻势，送了些稀世珍宝给他，又设宴盛情款待。魏忠贤对徐应元表示了两个意思：一是，秉笔太监和东厂提督这两个差事，都不想干了，迟早是要让给徐应元，自己去养老；二是，若有人在朝中说自己的坏话，请徐爷在皇上面前帮忙遮掩。

徐应元心肠软，又贪婪，见昔日不可一世的魏忠贤竟这么低三下四地跑来央求，先就有些怜悯；又见送来的是些闻所未闻的珍宝，眼都被照花了，当下就满口答应。两人重叙旧谊，都感慨万分。

徐应元说："我不过是皇爷的旧人，其实是个没名目的官儿，全仗祖爷抬举，诸事还望爷指教。"

魏忠贤此举表明，他已把下一步考虑好了。新帝将来要怎么处置他，现在还看不大明白，但无非是两种可能：一是长期留用，那样就太好了，不过从这几天的迹象上看，把握不大。二是责令退休，那么接替自己的，就应该是徐应元。现在笼络好了徐应元，自己退休后也就有了一道可靠的屏障。所谓让贤给徐应元，不过是做个顺水人情。

而徐应元的智谋水平就差得多了。他原本野心就不大，现在居然有个内廷头把交椅要给他坐，真是开心都来不及。他心想，要是魏忠贤在退休前推荐一下，说不定真的能当上掌印太监。这一想，就有受宠若惊之感。

崇祯即位后，按照惯例，要对拥戴登极的一批内外臣赐予"从龙恩典"，还要大赦天下。魏忠贤趁这个机会，活动了一下，把一个侄子荫了锦衣卫指挥，一个兄弟荫了锦衣卫千户。

崇祯这几天来对魏忠贤相当优待，这些好处，大笔一挥就给了。

到了九月初一，魏忠贤考虑成熟了，突然提出要辞去东厂提督一职。这当然是在试探，如果崇祯不准辞，那就是地位还稳固，也好给朝野都看看，我魏公公还是魏公公。万一准了，那么徐应元肯定认为是我让给他的，正好做个人情，徐应元心里必会感激。

这是一个两边都不会落空的试探。

崇祯当然不会准，只是命徐应元去协办东厂。魏忠贤心中暗喜，知道自己的位置眼下还是牢靠的，皇上只不过要分点儿权给徐应元。但皇上不是神人，怎么能知道徐应元和我现在是什么关系？他徐应元在皇上面前，今后就是我老魏的耳目，这不是相当于又一个客氏吗？

魏忠贤放下心来，不再怕人在皇上面前说他的是非，出入宫禁，又开始嚣张起来。

但是接下来的事，又让魏忠贤看不大明白了。

客、魏的核心团队似乎是经过商议，在魏忠贤请辞以后，也打算陆续提出辞职，以测试崇祯对他们的态度。当然，也不排除在新帝即位后，他们确实有了倦归之意。

先动起来的是客氏，自请从宫中迁回私宅。崇祯对这件事的处理很耐人寻味，三下五除二，一点儿也没客套。九月初三日凌晨就有诏出来，对客氏的请求照准。

客氏放归是理所当然的事。但客氏本人对崇祯，到底还抱有一点儿试探的心理，她期望新帝也许会像待魏忠贤一样，予以温言挽留。等接到这样一纸冷冰冰的诏书，她马上就明白了——与她情同母子的那个天启帝已乘龙而去，如今的紫禁城是别人家的天下了。

接旨当天，她五更即起。等宣完了旨，立刻穿上衰服，到天启的灵堂去拜别。

这个细心的妇人，从一个小匣中，拿出一个黄龙绸缎包袱，抖落开，里面装的是天启幼年的胎发、痘痂，还有历年剪下的头发、指甲等物。

客氏满心悲凉，跪在灵前，将这些纪念物一股脑儿烧掉，忍不住大哭一场，然后收拾细软，出宫去了。

客氏此次要求出宫，正中了崇祯的下怀。这个女人在天启朝政治能量不比魏忠贤差多少，但是现在不过就是普通一妇人了，不属于任何行政系统。动她，已无关大局，起码不会牵连到内外廷的阉党，因此也就不怕阉党有反弹。

把她赶走，既能拆散内廷的客、魏联盟，又能对魏忠贤一伙敲山震虎，何乐而不为？

果然，客氏被撵走，给阉党成员的心理造成极大震动。就在第二天，王体乾撑不住了，也提出请辞，但是崇祯没准。

崇祯知道，魏、王两人，本就是一体，在这个时候，绝不能让他们感到有一点儿威胁。因此到九月十五日，崇祯借三大殿建成之机，荫赏了一大批太监，其中就包括魏忠贤的核心团队。

打一巴掌，再给个甜枣——你们，还是不要乱动为好！

这，就是政治权术。

但是，放客氏回家这个微妙的信号，被有些朝臣捕捉到了，自然有人想见机而动。

到九月十六日，"闷局"终于被打破。右副都御史、署南京通政司事杨所修上疏，一口气弹劾了魏忠贤的四名亲信：兵部尚书崔呈秀、工部尚书李养德、太仆寺少卿陈殷、延绥巡抚朱童蒙。

这道疏的内容颇费了些心思，绝口不提什么党争、专权之事，而是揪住他们四个死了爹妈不回家"丁忧"（守孝）的问题做文章，认为天启帝虽然同意他们"夺情"，但实是有违孝治天下，现在就应该请他们四个回家。

此外，连吏部尚书周应秋也给捎上了，质问周尚书是怎么选的人，显然是失职。

被攻击的一共五个，全是铁杆阉党。

可是这个打第一枪的杨所修，自己恰恰就是个阉党！

杨所修是万历三十八年（1610）进士，关于他的记载不多，大约是从工科给事中干起，当了太仆寺少卿，后投靠了魏忠贤，得任"总宪"。

他是个很复杂的人，有头脑，也有他独特的锋芒，不好以一语来概括。并且这人还善画墨竹，效法苏东坡。清人徐沁的《明画录》中，说他画的竹劲节萧散如其人，是不是这样，只能姑妄听之了。

既然他是阉党，怎么又会跳出来拿同伙开刀？这不奇怪。凡是不可理喻的事，都有它的"结"，都跟利益有关。

这个杨所修很聪明，看出魏祖爷爷大势已去，早晚是要崩盘。趁着大风还未起时，自己先来个"首劾"，将来就好撇清了。

他这样做有没有用呢？有！因为阉党毕竟不是实体组织，没有登记表之类的东西，谁是谁不是，只能凭感觉。因此，通过倒戈，完全有可能洗白自己。

但是接下来又有一个问题了，既然是倒戈，为什么不直指要害，而要这么声东击西？因为"首劾"要冒极大风险，弄不好就是"先死"。因此一定要含蓄，要意在言外。

崇祯看了这份劾奏，估计会在心里暗笑：我不放箭，你们自己就绷不住了吧？

但是此时还没到火候，还要等。

于是崇祯下诏斥责杨所修率意轻诋，警告他说，本该降处，姑免究。

崔呈秀等人倒是很知趣，马上请求回家守孝。崇祯只放了陈殿一个人回家，其余不许。同日又升了李从心、李精白等一批阉党成员的官。

铁杆们松了一口气，这不是没什么事吗？可是聪明人却看出了门道。设想一下，如果是天启帝来处理这事，会怎样？难道看不出来，新帝的这个"姑免究"大有奥妙吗？

——就是要让你们自己咬自己！

到二十四日，果然又一个信号弹升起。国子监的司业朱三俊，弹劾监生陆万龄等人，说自己管的学生不成器，鼓动要将魏忠贤配祀孔子，真是胡说八道。

崇祯这下终于出狠手了，果断批复：下狱究治！一点儿没给魏公公留面子。

魏忠贤越想越不对，连忙请求将各地准备用来建生祠的钱粮，解送到辽东充军饷。崇祯同意了。

这时候也有那习惯思维扭不过来的，在做逆向运动。就在第二天，江西巡抚杨邦宪等上疏，盛赞魏公公大德，请求建"隆德祠"——估计这都是消息闭塞惹的祸。

越是边远的地方，官场可笑的事情就越多。

魏忠贤在心里直叫苦：这都什么时候了，还来添乱！他赶紧找人代笔，以自己名义写了一道《久抱建祠之愧疏》，当天就递上去了，意思就是请求停止为自己建祠。

崇祯仍旧跟他玩太极推手，已经在建的就接着干吧，似乎并没有怪罪之意。

而且过了两天，又给魏良卿、魏鹏翼发了铁券。这个铁券，相当于现代的勋章，上面刻有姓名、官爵、功勋、特权（譬如免死）等等，是个很高的奖赏，老百姓俗称"免死牌"。

这是猫在玩老鼠啊！

魏忠贤真的有点儿晕了。

十月初，崇祯又封赏了内外廷一批官员，里面还特别照顾了一下司礼监太监徐应元。一朝天子一朝臣，把近身的太监提拔起来做内廷主管是历届新帝的惯例。崇祯在这个时候，也在注意培植私人势力。

在这个月里，他还完成了一件大事——去内校场阅操。看完武阉的表演以后，崇祯显然很满意，叫武阉们都到兵部去领赏。等到这些特殊兵种一出宫，马上就有上谕到了兵部，令诸武阉散归私宅，不得复入。

一纸文书，就把一支最具威胁性的武装给解散了！

肘腋之患，消于俄顷，这个少年天子真是太厉害了。从这一刻起，他与魏忠贤的力量对比，就已发生了根本的变化。

魏忠贤永远失去了操控局面的可能性，只有等着挨宰的份儿了。

靠拍马讨好爬至高位的人们，在形势逆转时，要想下一个非常的决心很不容易，他们往往选择的是妥协。

但是在表面上，解散武阉这件事，混在了一连串令人眼花缭乱的"优容""恩赏""慰留"之中，人们不大容易看出奥妙来，还以为不过就是罢内操嘛，理所应当的。

由于不断地恩赏，阉党度过了最初的惊恐期，自信心又渐渐复苏了。尤其是崔呈秀，起初他见魏忠贤居摄之事弄不成，便惧祸不敢来亲近，这些时候见老魏又有重振的迹象，便又靠拢了过来。

他以为，崇祯上台也不过如此，就是个不玩木匠活的天启罢了，魏公公倒不了！于是在兵部和都察院，他都放手招权纳贿，公然悬价，总兵、副将多少，参将、游击多少——想要官的，你们就来吧！

崔呈秀有个儿子崔铎，读过几年书，侥幸进了学，在顺天乡试揭晓时中了第二名，满城轰动。落第的举子们不服，议论这里面的猫腻，有的要上疏揭发，也有人要用揭帖广而告之。

崔呈秀只装作不知，听任那些来祝贺的官员牵羊担酒、簪花送礼。来拍马屁的众官，除了按常例送旗匾之外，还有送锦帐对联的，一时间满堂光彩。崔呈秀心中窃喜，后天启时代的日子，也是好日子嘛，于是大开筵席，接待亲友。

这边崔家正在炫耀，那边南京又来了消息：周应秋的儿子也中了！真个是秋后也能有个小阳春啊。

可是且慢，另一面的潜流同时也在涌动！阉党中，不都是这种鼠目寸光的人。前几天的杨所修上疏，就不是一个孤立事件。他的这个上疏，是与吏科都给事中陈尔翼、太仆寺卿李蕃等人商议过的。他们这一伙对形势有一个清醒的分析：魏公公下台，只在迟早间。大家都得官不易，不能就这么跟着倒了，弄不好还可能有身家性命之忧。此时要是不主动，将来定要悔之晚矣！

他们认为，崔呈秀、周应秋贪赃枉法，搞得实在不像话，不如就把这两人攻倒，让这两个人来承担天启时代的所有罪责。然后，把左都御史孙杰抬上去，接替周应秋为吏部尚书，再把杨所修调到北京来，大家一起努力，好把未来的局面维持住。

这个想法也不是没道理。分析一下朝中的人员构成，东林的一批人是早已钦定为"邪党"了，翻身无望；而魏忠贤的势力，也眼看就要遭清算，那么，朝中总要有人做官啊。将来能留下的，恐怕就是最先与魏忠贤决裂的人。

但是，这几个人行事不慎，密谋被崔呈秀侦知。

崔呈秀得知李蕃、孙杰也搅和在里边，不禁大怒。

李蕃是何许人也？"十孩儿"之一！他最早的官职是御史，和同僚李鲁生一道投了阉党，都是魏忠贤的刀笔吏。这"二李"极能趋炎附势，先是谄附魏广微，到魏广微下台后，又巴结冯铨。后冯铨被崔呈秀搞倒，他们又靠上了崔呈秀，且直接做了魏忠贤义子。时人送了他们一个外号，叫作"四姓家奴"。

那个孙杰，也不是什么好东西，有人曾把他列为魏忠贤手下的"五虎"之一，在驱逐东林党人周嘉谟的过程中出过大力。

崔呈秀在阉党中的地位在他们这一伙之上，到了此时仍然能镇得住他们。于是崔呈秀把李蕃叫来，痛骂了一顿；又找到孙杰破口大骂，威胁要查孙杰的经济问题。

孙杰自己不干净，连忙告饶。崔呈秀就开出了一个条件，让参与其事的陈尔翼倒戈，上疏反击杨所修。孙杰没有退路，只好答应了。

第二天，陈尔翼果然有一道很不合时宜的奏疏上来，说杨所修上疏是播弄多端，原因在于东林党葛藤不断。他请求崇祯，派东厂、锦衣卫及五城兵马司，在京缉拿东林余孽。

这是哪儿跟哪儿啊？

崇祯的答复也很巧妙。他说：群臣的品流，先帝已经分辨清楚了，倘有奸人搅乱新政，当然要缉拿。但是不许揣摩风影，致生枝蔓。

这话说得两头都贴，只有细加品味，方品得出后面的一句才是真的：不许再提东林的事！

李蕃、孙杰这一伙是被崔呈秀压住了，但阉党其他人的自救行动仍在进行。十月十四日，云南道御史杨维垣再劾崔呈秀。

杨维垣是个反复小人，不过他此刻跳出来还有一个背景，这是跟他表叔徐大化精心策划好的一次行动。

徐大化是谁？魏忠贤的得力帮手之一！

这真是让人慨叹——没有原则而仅以利益结党的小人，压力一来，不等别人打击，自己先就窝里反起来，又焉得不败？

徐大化就是那个代魏忠贤拟旨反驳杨涟，写得连叶向高都感到惊讶的人。这人诡计多端，魏忠贤诬陷六君子受熊廷弼之贿，就是他出的主意。

阉党也知道这人卑鄙贪婪，靠不住，但为了反对东林党，就管不了那么多了，收了他入旗下。徐大化后来依附魏忠贤，爬到了工部尚书的位置，在监督皇极殿工程时，放手受贿，又挪用惜薪司的库银，被人告了一状。魏忠贤也烦徐大化这副贪得无厌的样子，责令他回家去闲住。

他在家冷眼旁观，认为魏忠贤已经摇摇欲坠了，立刻与表侄杨维垣商量，要杨维垣出面弹劾崔呈秀，以谋将来脱身。

杨维垣的奏疏很有策略，不遗余力地专攻崔呈秀贪钱坏法的问题，说是已到了指缺议价、悬秤卖官的程度，但是对魏忠贤却不吝赞美之词，只轻描淡写地说魏忠贤误信崔呈秀。

这个文章做得玄妙，几百年之后的学者还在揣摩它的意思。有人认为，崔是当时魏最信任的人，攻崔就是变相攻魏，其他的赞美之词，那都是虚套。

也有学者说杨维垣此举是想"丢卒保车"，让崔呈秀来承担天启时代的一切罪恶，从而保住魏忠贤，不致全线崩溃。

可是，阉党几乎没有这种"一荣俱荣、一损俱损"的眼光，在这个时候，基本上是谁跑得了谁就跑。这是由人格决定，无关乎策略。

杨维垣的奏疏一上，崔呈秀必须要有个态度，他连忙上疏辩解，同时请求回乡守孝。

崇祯看了杨维垣的奏疏，仍是以静制动，只说不要生事，尤其不要轻议厂臣。当然，说了也就说了，还是姑不深责。至于崔呈秀，就不要回老家了。这时候，崇祯还不想动他。

杨维垣不肯罢休，四天后又上一疏，还是弹劾崔呈秀贪婪专权，而且还提到他通内。通内，就是交结宦官，所指是什么，不言而喻。由此可见，杨维垣根本就不可能是"丢卒保车"。

而且，杨维垣在论述崔呈秀与魏忠贤的关系上，暗示魏忠贤就是为恶的总后台。

奏疏开列的罪状件件属实，崇祯心有所动。不过只要处分崔呈秀，就等于倒魏运动开始，事关重大，他还要考虑一下。

怎么处分？崇祯考虑了整整两天。

这一巴掌如果拍下去，能否有泰山压顶之势？

真难为了这位少年天子，登大宝之后，身边并无一个老谋深算的人为他指点，全凭着天资在与举朝的魏党较量！

他素所倚重的近侍太监徐应元，本该起到冯保、王安那样的作用，但此时却成了魏忠贤的内线，不从中捣鬼就已不错了，根本指望不上。

岳丈周奎，从利益上考虑，当然是要维护崇祯的。但此人只是个极其庸驽的中级官员，从他后来在崇祯末年的作为看，是个毫无胸怀的人。

后来，在崇祯十七年（1644）三月，宣府已被李自成军攻陷，北京到了最后关头。崇祯派太监徐高到周奎家劝捐助饷。周奎那时已封了嘉定伯，崇祯之意，是让他给群臣带个头。还答应晋升他为侯，以作为要钱的条件。

这个老国丈，却死也不肯掏钱。太监徐高悲愤难抑，质问道："老皇亲如此鄙吝，大事去矣，广蓄多产何益？"

这真是皇亲不急太监急。徐高气得大哭："后父如此，国事去矣！"

周奎见推托不过，只得勉强认捐一万两。崇祯坚持要他拿出两万，周奎实在舍不得，就写了密信，请女儿周皇后从中周旋。周皇后倒还识大体，自己偷偷给父亲垫了五千两，还劝父亲要尽力捐足数目。

据说，周奎拿到女儿的这五千两之后，当即就扣下了二千两归自己，到最后也没交足捐款数目。他都这个样子，群臣还怎么可能踊跃捐款？

这样一个不成器的老丈人，怎么可能给崇祯出什么高明的主意？

那么，十七岁的少年，何以如此老成？

今人不可以今日之眼光，来衡量古人的智力。古代无论士俗，子弟谋身立世都比较早。不似今日，三十多岁了还可充"男孩"。

两天后，崇祯考虑成熟，觉得倒魏的氛围已经酝酿得差不多了，可以放胆出手一击。此刻，朝中虽无人可以借重，但总会有人见风使舵，可以依靠阉党自相残杀来解决问题。同时，也可以期待小官吏来担任主攻，因为他们毕竟不是阉党一伙，忍了这么久，肯定要爆发！

于是，向阉党发动总攻的第一个信号，发出来了。

十月二十日，崇祯有诏下：免崔呈秀各职，令其回籍守制——老老实实披麻戴孝去。

崔呈秀知道：这下子完了！他一句话也不敢多说，慌忙收拾家财，回了老家蓟州。

据说，他见形势紧张，连金银财宝都来不及全拿走，留给家人看管，自己带着妻子和侍妾匆匆上路。不过，人倒了，事还没办完，也是个麻烦。在路上，他被一群前来索回贿金的官员拦住纠缠，威风扫地。

这相当于明末政坛的"王恭厂大爆炸"，阉党的巍巍大厦，开始倾斜了。

朝野士民，凡是憎恨魏忠贤的人，无不雀跃鼓舞。

数年恶政，一朝动摇；奸人落魄，万民狂欢。活一世，有此一刻，那是不虚此生啊！

崇祯的态度，极大地鼓励了决心倒魏的一批人。昔日令人望而生畏的大人物，如今已无还手之力，人们怎能不跃跃欲试？

愤怒者和投机者混在一起，开始了集团冲锋。

十月二十二日，工部主事陆澄源，首劾魏忠贤。他上疏言"四事"：正士习（端正士大夫风气）、纠官邪、安民生、足国用。其中的正士习，是致敌死命的匕首。

他说，近来官吏风气很成问题，唯以歌功颂德为事。比方，厂臣魏忠贤服侍先帝，论功行赏自有常规，但封赏、宠信过度，朝堂上全是其宗亲。先帝也是，没个圣君的样子，把功劳都归于厂臣（魏忠贤）。最后闹到外廷奏疏不敢明书魏忠贤姓名，生祠遍于海内，奔走狂于域中，把个厂臣抬到了周公、孔子的高度！

对崔呈秀，他也没放过，说崔贪淫奸恶，罄竹难书，御史们所参他夺情云云，不过都是细枝末节！就说崔呈秀夺情，先帝在时，只说是因为三大殿未修完，所以变通，可以不回乡。现在工程已完，他仍窃居兵部，意欲何为——莫不是要搞兵变吗？

崇祯对此的答复仍旧很有意思，陆澄源新进小臣，何出位多言，且言之不当。本该重处，姑不究。

是啊，仅仅一个小臣，怎么能够领衔倒魏？崇祯要等的是更大的舆论浪潮到来。什么叫"姑不究"？就是言者无罪，你们就大胆来吧！

大潮果然呼啸而至！第二天，即二十三日，就有直隶巡按贾继春上疏，继续弹劾崔呈秀不忠不孝，话说得十分刻毒，就差骂他是条狗了！

这个贾继春是早年浙党的中坚，与东林党是死对头。在红丸案、移宫案中给杨涟捣了不少乱，当年"李选侍上吊""皇八妹投井"的谣言，就是他大肆散布的。他投了阉党之后，也是一名死硬派骨干，后在崇祯钦定"逆案"的时候，与魏广微、顾秉谦、崔呈秀、刘志选、霍维华、田尔耕、许显纯等人，都属半斤八两的货色。

就连这样的人也跳出来反戈。阉党，危矣！

与此同时，兵科给事中许可征也上疏倒崔。崇祯见火候到了，大笔一挥："下吏部勘处！"

什么叫勘处？查问题，听候处理。这已不是简单的免职了，查出问题来就要交法司论罪。崔呈秀，彻底倒了！

在这样有节制的操控下，崇祯所期盼的舆论指向，自然会呼之欲出。十月二十四日，就有人开始揪后台了。兵部武选司主事钱元悫（què）上疏，以崔呈秀之事为切入点，直指祸首魏忠贤。

现在，已不是旁敲侧击了，而是堂堂正正的一篇讨魏檄文。他直指魏忠贤出身低微、目不识丁，其危害却不下于赵高、王莽、董卓之流。

他说，皇上要是念魏忠贤侍奉先帝有微劳，不妨饶他不死，勒令放归私宅，解散他的死士，没收他的私蓄。如此，内廷无祸起萧墙之忧，外廷无尾大不掉之虑。至于魏良卿辈，可速令解下绶带，夺其官爵，让他们以农夫身份而没世，这也能彰显皇上的浩荡之恩，于魏忠贤亦为自全之策。对其他爪牙，也应暴露其罪，或杀或流放，可致奸党肃清，九流澄彻。

钱主事还埋怨崇祯手太软，怀疑崇祯是不是拘于先帝的托付，怕割股伤肌，才这么慢腾腾的。

此疏一出，阉党上下才感到大祸临头：这可不是倒掉一个崔呈秀就能完事的！

崇祯知道这是激将法，不过还是没动。他有他的日程表，只说朕自有独断，业已有旨了，如何又来多言？姑不究。

按道理说，"姑不究"只是一个结果。因为什么"姑不究"？是念钱主事动机是好的，还是念钱主事经验不足？这些前提全没有，就直截了当说"姑不究"，分明是在玩词语上的权术。

这时候，魏忠贤已如坐针毡。应当如何应对？他一时还没想好。他的爪牙，当天也都慌了手脚，纷纷请求免职，崇祯则全都照准，走一个算一个。有那不自觉的，恋栈不走，崇祯便亲自点名免职，先后有太监杨朝、李实、李希哲、冯玉等一干人被逐。如此，先把魏在内廷的羽翼剪除了一部分。

经过这一天的震荡，形势已非常明朗。天启年间，要是有敢这么骂魏忠贤的，不立刻杖死就算至福，而今痛骂魏忠贤为赵高者，也不过是个"姑不究"，真是恍如隔世啊！积蓄已久的舆情，一下就看明白了方向：铲除大奸巨蠹，就在此时！千载流芳之功，就在今朝！不冲上前，还等着干吗？

于是，到十月二十五日，果然又有刑部员外郎史躬盛上疏，论魏忠贤罪状。他写的奏疏里有一番话，简直是一段好骈文："举天下之廉耻澌灭尽，举天下之元气剥削尽，举天下之官方紊乱尽，举天下之生灵鱼肉尽，举天下之物力消耗尽。"这一天，御史吴尚默也有上疏。

小官吏们不是既得利益者，也不图什么私利，所以攻击起魏忠贤来，毫无顾忌。崇祯仍是在静观事态，未做答复。

这给了魏忠贤一个错觉，以为天启帝临死前的话至今仍有效力，崇祯不会拿他开刀。先帝尸骨未寒，当今皇上总还要给兄长留一点儿面子吧。

魏忠贤还想以退为进，他没有别的办法，又拿出了从前的那一招——当面哭诉。说一说委屈试试看吧，老奴才流眼泪，年轻的皇帝也许会起怜悯心。

但是，崇祯还是没态度。

十月二十六日，一直静观的崇祯，终于等到了他想要的东西。

这一天，一个纯知识分子，海盐县的贡生钱嘉徵，呈上了一本奏疏。标题挺长，叫作《奏为请清宫府之禁，以肃中兴之治、以培三百年士气事》，共列出魏忠贤十大罪状，包括并帝、蔑后、弄兵、无君、克剥、无圣、滥爵、滥冒武功、建生祠、通关节等十项。

阉党猖獗已久，民间怨气也压抑已久。这位钱贡生，好不容易盼到了能讲话的一天，就直抒胸臆，将一篇好文章一挥而就。

这是继杨涟弹劾魏忠贤"二十四大罪"之后，第一次有人如此系统地指摘魏忠贤的罪状，字字含怒，犹如当众鞭笞元凶。真是三伏天饮冰，大快人心！

钱嘉徵，字孚于，于天启元年（1621）参加顺天乡试，以国子监生中副榜。他作为一个贡生，原是没有资格给皇帝写奏章的，所以他将奏章送到通政司请求代呈时，通政司使吕图南怕惹出麻

217

烦，便以奏章的格式和称谓有误为由，要求重新誊写，实际上是想阻挠封进。

钱贡生是初生之犊，光脚汉不怕你坐车的，修改誊写之后，在奏疏中索性把吕图南也捎上了，说他是党奸阻抑。吕图南当然不服，上疏争辩，事情就这样闹到了崇祯这里。崇祯看过，发了话：那就把钱贡生的奏疏呈上来瞧一瞧吧。

钱嘉徵本是因参加秋试而滞留在京的，写好这道奏疏后，有人劝他还是不要冒险。他慨然对曰："虎狼食人，徒手亦当搏之，举朝不言，而草莽言之，以为忠臣义士倡，虽死何憾！"

后来在写钱嘉徵小传时，朱彝尊叹道："自汉、东京（北宋）、宋南渡诸太学生后，久无此风节矣。"

好一个"徒手亦当搏之"，这才是侠之大者，要羞杀万千侏儒！

好文章，坏文章，只要是极致的文章，都能掀起滔天巨浪。钱嘉徵的奏疏就是一篇极致的好文章。他由此一鸣惊人，后人也将其文视为豪杰之作。

当日，崇祯看了这小人物的奏疏，情有所动，忍不住拍案叫绝——这贡生，了得！

在此之前，崇祯心里大概已经有数：魏忠贤是败定了，但什么时候发动倒魏，一时还看不准，朝中毕竟盘根错节，阉党之众尚未伤筋动骨，形势还不明朗。

看了钱贡生的奏疏，为其文辞所激，少年天子按捺不住了！当即召来魏忠贤，命近侍将奏疏念给魏忠贤听。

后世史家一般都认为，这是崇祯看准时机出手了。还有人认为，念奏疏给魏忠贤听，是处心积虑先从精神上击垮这个对手。

从客观效果上看，这些说法都不错，但这其实并不是深思熟虑所为，而是钱贡生的文字警醒了崇祯，使他更全面地看到了魏之危害，从而在短时间内决定发起攻击。至于对魏的精神折磨，乃是无意为之，不过是想图个痛快而已。

据说，当日魏忠贤跪在地上，听得失魂落魄，听完爬起来就告退，马上去找徐应元讨主意了。可怜一世枭雄，如今满天下只有这一个哥们儿可以庇护他了。

徐应元给他提供的意见是：诸小臣来势汹汹，不妨先辞去东厂提督职，以避其锋。因为这个职务干的是整人的买卖，太招人恨。

为此，魏忠贤想了整整一晚上。他所想的大概非常复杂：一是怨新帝冷酷。我一个前朝老奴，苦心维护了权力过渡，新帝即位以来又无错谬，竟然就这么被视如敝屣。二是叹时不利兮。假如再挺下去，反对声浪在新帝纵容之下，只能越来越高，等于自取其辱。三是恨自己胆量太小。当初若放手一搏，搞政变，胜算亦应有八九分不差，无奈被庸碌之辈拖住了腿。

再三权衡之下，他觉得只有全退，才有可能最大限度地保全自己。于是第二天，就上疏引疾辞爵。这是明代官僚受到弹劾时的一般反应，东林党当初就是这样做的，结果被阉党一个接一个逐走。

如果是皇帝深信的人这样做，那肯定会有一番恳切的挽留；但若是皇帝猜忌的人这样做，那就正中了皇帝的下怀。

当时，崇祯自然乐得省事，一见辞呈就准了，准其私家调理。

让魏忠贤回家去养病，这只是官面的说法，实际上是叫魏忠贤交出司礼监和东厂大印，到白虎殿去为先帝守灵，这是不大不小的一个处分。

这个结局令魏忠贤悲不自胜。挽留没有，安慰的话也没有，连个正面的结论都没有，明明白白就是一脚踢开！

对此遭遇，他一是赌气，二是斗志全无。几天后，索性上疏辞去公、侯、伯三爵，上缴所赐的封诰、铁券和田宅。

崇祯也不管那许多，照单全收，命吏部等衙门，去好好查收登记。同时又下诏，降了魏良卿等魏氏一干侄孙辈的官职。

到此，显赫一时的魏公公成了白丁一个了。

权力冰山的消融，就在君王的喜怒间。当初乘风直上时，哪能想到今日的坠落！他也许有点儿想明白了：昔日予取予夺，盘踞高位，全在于天启帝罩着，跟自己的能量实在是没多大关系！

魏公公这只凤凰落了架，有人可就要狠命地叨他的羽毛了。新一波攻势，于瞬间涌起。

言官们是这次大揭发的主力——户科给事中段国璋、礼科给事中吴弘业、户部主事刘鼎卿、御史安伸等人，均有疏上，他们对准了阉党骨干周应秋、崔呈秀、田尔耕、许显纯、倪文焕、阮大铖、刘志选、潘汝桢等一通狂批。

这些弹劾奏疏，所劾罪恶件件都指向罪魁魏忠贤！

在政潮中，坏人败落得快，有时也得益于"墙倒众人推"的心理惯性。

崇祯一件件看过，顿觉触目惊心。大概以前他只是对魏忠贤的跋扈很反感，没想到，魏氏在这么多领域里都犯有滔天之罪。

他略略做了一下调查，受访者异口同声，都说弹劾是实，并无水分。

其中，逼死贵人、动摇中宫大小太监都可以做证。此外，削夺大臣、狱毙忠良、窃取兵权、把持要津、搜刮富户、追赃归己等种种恶行，其暴虐程度，都远远超过了崇祯原先的耳闻。尤其是在天启帝病重时，仍假传圣旨，荫封客氏、提拔亲信等，更是蔑视皇权到了极点，让崇祯忍无可忍。

少年天子终于发怒了！

内外大臣专权历来都有，但不能严重侵犯皇权。宋代以后，皇权制度渐趋完善，大臣或宦官架空皇帝的现象比较罕见。如果有，对之打击和清算的程度也非常厉害，刘瑾、张居正就是典型案例。崇祯与魏忠贤之间的较量，实质就是皇权与内臣擅权的争斗。

这是国家根本，岂容含糊？所以崇祯出手非常果断。

魏忠贤离职三天后，十一月初一日，崇祯下诏：崔呈秀着九卿会勘，魏忠贤押发凤阳看守皇陵。

凤阳是朱元璋的"龙兴之地"，凤阳皇陵埋的是朱老皇帝的父母。让魏忠贤去守皇陵，实际上担任的是"司香"，这是宦官里最末等的活儿，等于是打扫卫生的。

崇祯还传谕内阁，表示逆恶魏忠贤的滔天罪状，俱已洞悉。这次要除恶务尽，朕绝饶不了他！

这下，魏忠贤的那位哥们儿、大太监徐应元急了。也许是念旧，也许是兔死狐悲，也许是受人之托，于心不安，忽然就站出来为魏忠贤讲情：皇爷，能否宽缓些个？

崇祯是个冰雪聪明的人，一听就知道两人早有勾结。三问两问，又问出魏忠贤辞职，原是徐应元出的招儿，就更是气恼，破口大骂徐应元道："奴才们与奸臣相通，答一百棍，发南京去！"

也有另外一个说法，说是把徐应元打发到显陵当差去了，后来又改调去了凤阳。显陵是嘉靖皇帝老爸的陵墓，在今天的湖北省钟祥市。

这个人的结局后来不知如何。这一去，如果是活过了甲申年，那还真是不错，否则后来陪崇祯上煤山的，可能就是他了。

至此，离崇祯即位不过才一个多月，一棵虬结老树就被连根拔起。

自古英雄出少年。崇祯这辈子，也就英雄了这一回。《明史》赞美他说："承神、熹之后，慨然有为。即位之初，沉机独断，刈除奸逆，天下想望治平。"这些话，说得都不错。

不过，崇祯也并非了不得的神人，扫荡魏忠贤的大胜，他是占尽了天时、地利、人和。尤其"人和"一项不可低估，他一个人与一个集团对垒，若不是阉党恐外有义兵，一百个崇祯也会被魏忠贤拿下。

崇祯不动刀兵就平了大患，是他的至福，但也给他留下了病根。从此他在处理政务时，总是认为自己可以独断，且无往而不胜。当积重难返的内外问题摆在他面前时，他的所谓天纵英明，往往就不灵了。

魏忠贤作恶多端，树敌满天下，只要保护伞一失去，自然有人会拼了命来攻，崇祯其实是坐收了渔利，唯一可获较高评价的是他对事态的节奏把握，极有分寸。魏忠贤实在不熟悉这个引而

222

不发的套路，所以应对失当，步步溃败。

朝中的阉党集团，本来是魏忠贤最好的屏障，但到最后，这个屏障一点儿作用都没发挥出来。原因就在于，一开始大家都有惧祸心理，没人敢出头说话。到后来，又是魏忠贤退却得太快，以至于三军失帅，一朝瓦解。

当初，大小阉党成员既然可以连祖宗和脸皮都不要了，前来投奔魏忠贤，那是期待着有大回报的，所以在紧要关头，还不会一时溃散。但魏忠贤的迅速缴械，使阉党全体陷入了绝望境地，就是想要拱卫自己的主子都不可能了。

结果就是：能溜的溜，能反水的反水，谁还能顾得上救您啊，魏公公？

第十二章

小窗外飘来一支催命曲

事态发展至此，已无任何悬念。一个大人物的终局，就在眼前了。

崇祯之所以要把魏忠贤赶出京城，估计是从诸臣的奏疏中体悟到，魏是一个能量很大的政治高手，如果不把他与阉党的其余人分隔开，阉党势力是不好清理的，而且说不定迟早还会生事。

从崇祯给魏忠贤下的结论来看，要剐十次也是够的了，之所以还是以罪臣待之，放了魏公公一条生路，是因为目前还在先帝丧期，开杀戒不太合适。对这种除了专权别无所能的大珰，只要政治上判了死刑，也就足够了。

事情若就此了结，那么老魏的结局还不算太凄惨。害死了那么多的忠良与无辜，总还算保住了一条命。政治上的失势，固然很窝心，但史上有几个权臣是能善始善终的？

可是事情又有了变化。

首先是攻魏的诸臣不能就此罢休，既然得罪了魏忠贤，就一定不能让他有一点儿起复的可能性。皇权之下，什么事都可能发生，万一崇祯爷将来也活不长，或者万一他将来又赏识了哪个阉党，事情在一夜之间翻过来，也不是不可能。

因此，晚明时期的党争政争，在"擒贼先擒王"之外，还有一条"搞人要搞死"的规则。

就在魏忠贤下台后的几日，攻魏的奏疏仍是无日无之，目的也就是要把他搞死。

此外，魏忠贤自己也有很大的问题。他自从天启元年（1621）跃升为内廷权要之后，就一直扶摇直上，没受过大的挫折，缺乏必要的宦海历练，心理承受能力较差。从被劾的那一天开始，对世态炎凉的反应就有些过激。

当权之时，众喽啰今日通关节，明日报缉捕；今日送本来看，明日来领票拟；今日有人送礼，明日有人拜见，那是何等热闹！而今一有风吹草动，登时车马冷落，连亲信刘若愚、李永贞，还有几个掌家，无事也来得少了。至于一群"义子"就更是绝情，干脆一个也不来了。

只有一个周应秋还算知恩，跑来捧着魏公公的脚，大哭道："儿子如何过呀？"其余各种往日的谄媚者，则全无动静。

魏忠贤除了对崇祯怨恨之外，对于众人的这种势利心态也很激愤。交出魏家所有的封爵、铁券等行为，就是他的过激反应之一。

在这方面，他就远不如崔呈秀的抗压心理强了。崔呈秀看惯了宦海风波，说走就走，决不恋栈。一下台，崔呈秀就知道京城不可久留，多留一天，众人的弹劾就会升级到一个新高度。所以他连家财都来不及收拾完，把部分财宝埋于宅子地下，托付给几个家人照看，自己带着老婆和爱妾立刻开溜。行前，连魏公公也不去拜别了，一切低调从事。

离京那天，崔家的车马才出宅未远，就见乌鸦似的一群人拥上来，围住轿车。崔呈秀开始还以为是各衙门派来送行的，略感宽慰。哪知道，这都是跑来"倒赃"的，众人扯住崔家的人嚷道："事既不成，还我银子再去！"

崔呈秀心理承受能力极强，坐于车中，只当听不见，催车马快走。

魏忠贤若有这等脸皮，那倒可能会好些。但跋扈了七年，看惯了别人的谄笑，他实在咽不下这口气，只是一连串赌气似的退让，直退到底。等安置凤阳的诏旨一下来，他吃定崇祯再也不能把他怎样了，心里反倒踏实下来，心想到了凤阳，也不失为富家翁。

于是，他不顾崇祯有令要将他的家私全部籍没入官，反而命心腹把金银财宝四处转移。实在转移不了的，就装了四十余车，准备起运凤阳。

他这样贪恋财宝，也许有一定道理。前朝也有大太监在政治上失势，但仍可安享天年的，譬如万历十年（1582）的冯保就是一例。

——可是，人家冯保没杀过人啊！

——还有，人家是万历帝小时候的"大伴"，你是吗？

魏公公忽略了这些，只管做他的富贵梦。

那些带不走的家私，都散给门下众宦官，又送了些给客氏之子做纪念。

临行前一晚，魏忠贤与李永贞、刘若愚等人说了半夜。说着说着，想起天启帝，就忍不住恸哭，众人也陪着哭个不止。

据说，内廷的大小宦官听说处分魏忠贤的圣旨下来，全都茫然无措，多有惶惑而大哭的。但是内廷二十四监局的头头，见徐应元已因为"通魏"而被处分了，都不敢来道别。有那平日里受过魏忠贤恩宠的，现在连临别礼物也不敢送。只有客氏携了酒来送行，又相对哭了一场。

第二天离京，场面冷冷清清，只有李永贞、刘若愚二人前来送行。魏忠贤按例向阙叩头谢恩，望见三殿巍峨，不由得叹道："咱也不知结了多少怨，方得成功，好不忍离！"说罢，洒泪扭头而去。

陪他前往凤阳的是他的亲信李朝钦，还有家丁六十儿。这个李朝钦是魏忠贤的贴身太监，据说实际上就是男宠。

走得虽然凄凉，但前"九千岁"出京，瘦死的骆驼怎么也要比马大！魏忠贤此行，仍是以平时蓄养的私人保镖"八百壮士"做护卫，刀枪曜日，乘马千匹，浩浩荡荡押着四十辆车的财宝出发了。

一个失势权臣能有这么大的阵势，真是令人难以置信。所以还有另外一种说法，即他出京之时，仅有壮士数十人、马数十匹。但是就这样，也是够威风的了！

李永贞历来狡黠多谋，他担心魏公公这么招摇又会惹出什么事来，就在相送时劝魏忠贤："上公，要谨慎些为好。"魏忠贤不听，说："皇上倘要杀我，就等不到今日了！"

这支奇怪的队伍，在崇祯派遣的押送太监刘应选、郑康升监督下，出都门南下。出城后，魏忠贤看见，顺天府通判（分掌粮运、水利、屯田等）孙如洌前几个月建好的生祠，已被民众拆得只剩断壁残垣，又觉好生伤感。

刘若愚、李永贞一直送了三十里路，最后在长亭上三人执手大哭而别。

初冬日，头顶上连南飞雁都没有了，满野是荒草萋萋。想想来京的那时候，是万历十七年（1589），那是什么年月？

那时候，还是二十一岁出头的小伙子呢。转眼间，鬓发已凋。

富贵一场，梦一场，人生真是不堪磨啊！

云霄中的那些龙楼凤阁，西苑里的那些洞天福地……咳咳，都休矣，休矣！

魏忠贤之所以要这样大摇大摆地出京，也是有赌气的成分在内：一是要给世人看看，我魏某架子还没倒，有先帝的遗言在，我好歹还是个人物；二是给新皇上看看，你尽可以随着性子来，但我毕竟是先朝老臣，大不了白帽子一顶去养老，你还能怎么着？有本事，先把你皇兄全盘否定掉，再来整治我。

他这一摆谱，当然有看不下去的。通政司使杨绍云立即奏报说魏忠贤恐要造反。

这已是在夸大其词了，还嫌不够耸人听闻，又说：崔呈秀之弟崔凝秀，已"建旗鼓"于浙水之上，同心合谋，与皇家为难，又以心腹爪牙为内应，对此事不可不防。臣闻听，他在途拥兵千余人，所蓄皆亡命之徒，弓上弦，刀出鞘，声势嚣张，如同叛逆一样。

——所谓"建旗鼓"，就是拉起了队伍。崔凝秀当时在浙江任总兵，有一点儿兵权不假，但当时怕也是在提心吊胆过日子，怎么可能扯旗起事？这道奏疏，将魏忠贤出京的排场无限放大，说成了是炫耀武力。其用意就是想激怒崇祯，下令宰掉魏忠贤。

不管造反的事情有没有，反正这层意思是说出来了。崇祯这会儿当然不可能再讲究实事求是。你一个免职的大太监归乡，有没有人跟随吧？有就是叛逆，就是向皇帝示威！

加之这几天的奏疏特别多，都是敦促皇上应除恶务尽的。崇祯看罢，果然被激怒，于十一月初四给兵部发去了一道谕旨。

兵部接了旨，不敢怠慢，马上派锦衣卫千户吴国安带人去追。

很有讽刺意味的是，这次出动的，恰好是缇骑——抓魏忠贤，他们就敢出京了。所谓"扭解"，也就是绑起来押送到目的地，交给凤阳皇陵衙门。

这对于魏忠贤还只是个侮辱，没说要他的命。主要是想把他带的那一伙人给擒住，不能让他们再张狂。

就在魏忠贤离京的这两天，李永贞、王朝用两人，按照事先的约定，频频派人将京城情况飞报给途中的魏忠贤。

没有什么好消息——想都能想得到，这回轮到阉党们纷纷落叶如振槁了。周应秋、田尔耕、朱童蒙等人被拿掉，徐应元被打发到显陵去了，各镇的监军太监都已撤回，起复东林党的话头也被提起……

怅望南云，鸿雁已断！这个季节本来就凄清，一次次的密报，如同反复的锤击，令魏忠贤的心情十分抑郁。

这一行人马出京后，一路经良乡、涿州、新城、雄县、任丘、河间、献县，于十一月初六日到达了阜城县地面。在距县城二十里的新店，只见后面远远地来了四个人，都骑着马，像是番子手（东厂侦缉）的模样。

四位长髯公，扬鞭直奔轿前。魏忠贤探头看见，不知有什么事，吃了一惊。但见其中一个跳下马来，向魏忠贤磕了个头，起身走到近前，附在魏忠贤耳边说了几句话，就回身骑上马，四人又如飞而去。

四人走后，魏忠贤不言语，只是在轿中老泪纵横。

原来是京中的死党派人送了信来，说皇上已向兵部下了逮捕令。

李朝钦不知是何事，连忙打马赶到轿前。见魏忠贤流泪，心知不妙，低声问道："是何事？"魏忠贤答道："皇上着官校来，扭解到凤阳，还不许你们跟随哩！"

李朝钦一听，知道彻底完了，顿时也泪如雨下。

魏忠贤道："且莫声张，依旧赶路。"

是日晚，进入阜城县城内。这地方比较偏僻，店铺不多，魏忠贤一到，人马把客店几乎都给挤满了。魏忠贤在县城南关拣了一间较大的店住下，店主叫尤克俭。

饶是如此，这个店还是简陋得让人难以忍受。门窗透风，炉火不暖，一灯摇曳。

随从的厨子做了精美饭菜，魏忠贤也无心下咽。饭后，他叫李朝钦与其余诸人先睡了，明早好赶路。自己在灯下僵卧长叹，想心事。

他万料不到，不到两个月，赫赫权势就成了南柯一梦。昔日公卿的性命，都是捏在咱手里，如今却连小儿都可来唾一口，这天上地下的差别，怎么能忍？

错就错在小看了新皇上的韬略，以为他不过是黄口小儿，又能狠到哪里去？却不知，错过了一时，就丢了一世，如今再无反击的机会了！随身虽还有千余壮士可用，但即便是豁出来，逞匹夫之勇，反他一家伙，这点儿人马也无异于杯水车薪。看离京时的那个景象，又怎能有人来呼应？还不是死路一条！

无论怎么说，都逃不过这一剐了。那缇骑、诏狱、十八般刑具，昨日都是我用来对付东林党的，真要让我自己来尝滋味，岂不是让天下人笑话死？

据说，这天晚上，旅舍外有一位从京师来的白书生，一直在唱一支小曲《挂枝儿》，声极凄凉。

这分明就是催命曲啊！听得魏忠贤万念俱灰，长叹一声："似这般荒凉也，真个不如死！"

《明季北略》里记录了这首小曲的唱词，并说"时白某在外厢唱彻五更"，我们就姑且信之吧。

魏忠贤想了半夜，想好了，独自起身，解下腰带悬梁自尽了。李朝钦从梦中惊醒，发现魏忠贤已经挂在那儿了，知道自己也是没个活路，便跟着也上吊了。

天亮后，家丁六十儿见房里没有动静，开门一看，一双人在那里吊着，吓坏了，便喊将起来。监押太监刘应选被惊动，跑进来看见魏忠贤死了，大惊。他怕皇上怪罪下来，索性叫心腹搜了搜魏忠贤的身上和屋子里，把值钱的东西拿了些，然后大呼小叫，谎称魏忠贤跑了，乘马向南而去，从此便没了踪影。

另一个监押太监郑康升，闻讯到房内看时，见魏、李二人何曾逃走，不正双双吊在梁上吗？他连忙找来了地方乡保，申报本县，并通报当地抚按，即刻派差官来检验。

差官与知县来到南关客店内，恰好传旨的锦衣卫官校吴国安也赶到了，三家就会同勘查了现场，认定死的是魏忠贤、李朝钦无误。又查得行李内有玉带二条、金台盏十副、金茶杯十只、金酒器十件、宝石珠玉一箱等物，都开列了清单报都察院。随行的人役，交给锦衣卫官校和监押太监带回京复命。又让地方上买棺收殓，候旨发落。

消息传出，当地人都来看热闹，一片杂乱。"八百壮士"和其余随从，害怕承担"从逆"的罪名，谁还肯被带回京？便趁乱把四十车财物大都瓜分，一哄而散。

家丁六十儿没有跑，他在收殓时哭道："老爷枉做了一场大梦，今日见阎王爷，还不知怎的发落呢！"

魏忠贤自缢的消息，到十一月十九日才由直隶巡抚上报到崇祯那里。崇祯批复"姑与掩埋"，指示将行李解到河间府，然后奏明情况，并下诏，把押解官郑康升解来司礼监问讯。至于魏氏的家人六十儿，还有店主和骡夫，审过以后就可以放了。

魏忠贤死了！

这好消息来得太急，也来得有些太晚！百姓们一片欢呼，不少人从邻近几十里以外跑来看奸贼下场。

士民的怨怒，压制只能是一时。一有突破口，就会奔涌而出——

时隔半年不到，民间就有大量描写魏忠贤乱政的戏剧、小说问世。先有《警世阴阳梦》，继有《魏忠贤小说斥奸书》《皇明中兴圣烈传》《魏监磨忠记》等。有关史著也相继问世，如《玉镜新谭》《杨大洪先生忠烈实录》《周吏部纪事》等，风行一时。

魏忠贤的形象自那时起，就基本上定型。近四百年来，无人能翻案，也无法翻。尽管阉党残余们在后来也有蠢动，但往恶人身上贴金，要想成功，除非全天下的良心都灭绝干净，那是连秦始皇也做不到的！

魏忠贤死了，当时的人就知道，其臭名必将千年万年为后世所唾骂！

魏忠贤死了，但其党羽、喽啰还活着，不知他们的命运是否能好一点儿？

第十三章

还一个清澄世界给人间

魏忠贤一死，阉党作为一股政治势力就完全失去了能量。虽然他们人还在朝中，却个个都成了惊弓之鸟，只能缩着头等待挨宰了。

继清除了魏忠贤之后，崇祯下一步要干掉的是另外两个首恶——崔呈秀、客氏。

十一月初九日，魏忠贤已经吊于房梁，但京师并不知道，对崔呈秀的总清算就开始了。

当日，户部员外郎王守履上疏，论其可杀之罪。崇祯很快有批红：将崔呈秀先削了籍为民，然后交三法司会勘。

交给三法司去会勘，就是要定罪。昔日堂上的高官，今日要成阶下的罪囚了。

此时，崔呈秀在老家蓟州闲居，将搜刮来的古玩珍宝陈列于室，日日与妻妾饮酒作乐。听到要会勘的消息，知道这座鬼门关是一定要进的了。

到十一日，他在家中与宠妾萧灵犀纵情饮乐，喝完一杯，就砸掉一件珍异酒器，而后怀着不甘之心，也学魏公公上了吊。那如花似玉的小妾灵犀，则以利剑自刎而死。

奸人在世时只恨忠良不早死，可是自己活得又有多久？他们只恨四海宝物不能尽归己有，可是能否把一粒珍珠带过奈河桥？

在猖獗之时，即便有人跟他们说这个，他们恐怕也没有时间来听。夜夜笙歌，是一场也少不了的！

崔贼死不足惜，倒是可惜了殉节的这位萧氏。她原是一个名妓，乳名叫宝娘，别号灵犀。萧灵犀姿容绝世，歌舞无双，虽生长在青楼，却不是倚门卖笑的浅薄之流，吟诗、画兰、弹琴、下棋无所不通，也是个可与历代名妓媲美的绝世人物。

崔呈秀是个好色之徒，据说有美妾百人，娶了萧灵犀后，万千宠爱集于她一身，一刻也不离左右。在崔呈秀悬于房梁之后，灵犀不愿再沦落烟花巷中，便以死报主，做了个烈妇。

蓟州知府委托兵备道的守备前来勘验了现场。众官并不把崔呈秀之死当回事，却都叹息这位灵犀之死。

崔呈秀的儿子崔铎、弟弟崔凝秀也都被遣戍。

还剩下一个客氏就好收拾了。这个蛇蝎妇人自九月被放出宫后，也是在无奈中苟活，日日纵酒消愁。十一月十七日，崇祯再也不客气，指派太监王文政，把客氏押到宫里的浣洗局，着实审了再说。

魏、崔自杀，逃脱了惩罚。留下一个客氏，就不容她那么轻松地去见阎王了。估计是崇祯有令，只要审出有一点儿问题，就往死里整。

客氏被上了刑，立刻招认：有宫女八人怀孕，都是她私自带进宫的随身奴婢，在外面肚子就大了，准备效仿吕不韦事，给天启帝准备几个假儿子。

此口供一出，她哪里还得活？在洗衣房内，竟然被太监们用竹条给活活打死了。

那一刻客氏鬼哭狼嚎，也是够惨的。不过恐怕也是赵选侍、裕妃、冯贵人、胡贵妃和王安的冤魂一起来缠她，令其不得好死。

旧时代的妇女地位低下，连坏人也是。一个女犯人，就这么像动私刑一样给打死了，崇祯连个话都没有。

客氏那个盗宝的儿子侯国兴也被逮入诏狱，尝到了酷刑是什么滋味儿。几天后，与魏良卿一起被砍了头。客氏的侄子客光先、客瑶等，皆遣戍边地。

阉党里，死的还有一个李永贞。李是一个非常狡猾的人，发觉风向不对，在崇祯即位四天后，就上疏告病，想开溜，但拖到九月崇祯才批准。十月初，他把自家外宅的小院砌死，自己藏身在里面，昼夜读书打发时间。墙上留有小孔，递进饭菜。到了十月二十六日，他听说皇上批准魏忠贤辞职，以为没事了，便拆了墙出来。

他想赶紧去和徐应元联络上，把事情化解一下，却不料，徐应元在十一月初给发到显陵去了，李永贞这才有点儿慌，越慌越出错，他竟然拿钱去打点王体乾、王文政、王永祚三个太监，每人五万两，请他们在崇祯面前多多替自己美言。

这三个人，这时候哪还敢徇私舞弊，掉头就把收的银子交给崇祯了。李永贞得知吓破了胆，与外甥孙良济一起化装逃跑了。其实，崇祯这时候还不想杀他，只下诏把他也发往显陵。可是，圣旨到家后，家人也说不出人跑到哪儿去了。其兄李成惊恐万状，吓得自杀了。

十二月九日，李永贞被抓获了，押送去了显陵。这么一折腾，他的另一个哥哥李奉也因忧惧而死。

转年是崇祯元年（1628）。二月，李永贞和徐应元被转至凤阳。三月，有人重新提起话头，这一次李永贞倒了霉，被逮至刑部议罪。六月会审，结果是拟斩。李在狱中多次自杀未遂，挨到七月，脑袋还是给砍掉了。

这个时期崇祯的做法与他后来的刚愎、急躁作风截然不同。他此刻思维缜密，在对付一大堆阉党人物时，抓住阉党人士的侥幸心理，不徐不疾，步步深入，分批收拾，没引起任何混乱，逐次扫荡了满朝的乌烟瘴气。

当时朝中的言官——给事中和御史，大都是投靠阉党上来的，所以整肃阉党，不能指望他们。崇祯就紧急提拔了曹师稷、颜继祖、瞿式耜、吴焕等人为言官，让他们大胆揭发。

只要有人出头，事情就好办。其余的言官为洗刷自己，也纷纷倒戈，声讨昔日的主子——娘没奶了，就不是娘了。

从天启七年（1627）十一月起，清算风潮陡然而起，一直持续了一年多。

趁着魏忠贤败死之机，崇祯发布命令：第一，对元凶客、魏、崔，要早定"爱书"（判决书）；第二，对"五虎""五彪"等，按照言官弹劾的顺序，由法司依律拟罪。

然而，百足之虫，死而不僵。阉党势力你不扫，他不会自己跑掉，此时主持清理工作的刑部尚书苏茂相、左都御史曹思城、大理寺左少卿潘士良等，都是老资格阉党，他们哪里肯卖力？拖了一个月，才在崇祯元年（1628）正月二十五日，将客、魏的判决书呈上，崔呈秀的判决书还没做出来——这个速度，哪里是张居正之后政务的风格？

崇祯大为不满，要给阉党成员一点儿颜色看看，下令将魏忠贤尸凌迟斩首，悬首河间府，在蓟州将崔呈秀尸斩首，客氏尸亦斩首示众。

这脑袋是砍给活人看的，在此重典震慑之下，对魏党的第二波整肃开始了。

在大臣中，户部尚书张我续、兵部尚书兼蓟辽总督刘诏、工部尚书孙杰、左副都御史李夔龙等一批要员被免职。其中李夔龙、倪文焕、田吉等，后又升级为在原籍追赃。

太监中，李实被降职，安置到南京；涂文辅降为小火者（打杂的）。

魏忠贤的亲属中，侄儿魏良卿——中国古代最尊贵的菜贩，砍头；女婿杨六奇等一大批亲族，永戍瘴地。

锦衣卫打手田尔耕、许显纯等削籍、抄没家产，后又升级逮至刑部论死。

这就是现世的报应，狂风怒卷之下，魏党群丑狼狈不堪。

——狗官，你们居然也有今日！

户部尚书张我续，昔年有一个女仆是魏忠贤的本家。他为了巴结魏忠贤，将这个魏姑娘娶作老婆，位置在正妻之上，用八抬大轿抬进京，称"魏太太"，公然以魏家姑爷自居。这位假姑爷被免官回籍后，百姓恨极，欲拦其轿毁其面。

南京国子监祭酒汤宾尹，听说魏忠贤毙命，立刻精神失常，癫狂而死，其家为被害者所破。

"十狗"之一、太仆少卿曹钦程罢官归乡，不为乡里人所容，百姓争唾其面，只好在湖口县（今江西省湖口县）买宅居住，但湖口人士也相约驱逐之。

还有前首辅顾秉谦，虽然致仕居于昆山老家，也被人弹劾献媚图宠，廉耻已亡。家乡士民更是愤而报复，一把火烧了顾家大片房产，将其家财哄抢一空。顾秉谦携带重金逃往苏州租房居住，诸生不容，写呈子给各衙门，要求驱逐。他惶惶如丧家之犬，只得转避南京，不久病死。

然而，阉党残余势力仍在抵制清算，为减轻自己的罪过，就故意对被追究者轻判。一面是民愤滔滔，一面却是轻描淡写，诸阉党受审者虽交给法司议罪，但定罪书却避重就轻，形同包庇。

这样的定罪书一出来，引起舆论哗然。

山西道御史高弘图三次上疏，说"五虎""五彪"不过是杀人取媚，真正动摇社稷的是刘诏、刘志选、梁梦环三贼。尤其是刘志选，七十白发老匹夫，为钻营竟不惜攻击皇后，简直骇人听闻。

三人因此相继被逮入狱，刘志选自知不免，也学了魏公公上吊自杀了。

山西道另一御史刘重庆也上疏，指李永贞、刘若愚、李实罪大恶极，若不刑之西市（砍头），恐被害诸臣必不能瞑目于地下。

崇祯立刻准奏，将李永贞、刘若愚、李实和许显纯一起，交刑部审讯，均论死。

在阉党成员遍布京城内外的大环境下，这场清理阉党的运动，犹如号召人家操刀割己，那是不可能毫无阻滞的。如不从整体上搬掉阉党，新政就无从谈起，正人也无法起用。

若只换了一个皇帝，换了一个评价标准，而不清理官员队伍，朝政因循，一切还不是照旧？

崇祯把这一点看得很明白，他采用了两个办法来应对这一困局。

一是，在崇祯元年（1628）四月，果断起用刘鸿训为礼部尚书并入阁，使内阁有了很好的带头人。

刘鸿训是万历四十一年（1613）进士，天启元年曾任少詹事（太子詹事副手），负责太子东宫的庶务，是个闲职，后因得罪了魏忠贤而丢官。

刘鸿训与阉党没有任何瓜葛，执行崇祯的命令，不像其他阁臣那样磨蹭，到任后数月间，一连气建议罢斥杨维垣、杨所修、阮大铖、李蕃、贾继春、霍维华等一群想金蝉脱壳的阉党成员，人心大快。可惜阉党残余仍有能量，于半年后便把这个"炮筒子"撵下了台。

崇祯的第二个办法是推翻《三朝要典》，这是清理朝官的主要障碍。《三朝要典》虽是阉党炮制，但由天启帝钦定，书前有阉党代拟的御制序，想推翻它，人们不免要投鼠忌器。但是让它摆在那儿不动，就是新政路上的一座山，导致阉党不能尽罢，东林不能被解放。

崇祯元年（1628）三月，新任兵部主事别如纶，上疏谈到了这一问题，认为应该删削。四月，翰林院侍读倪元璐又论此事，认为应予销毁。

倪元璐说，这实在是一部恶史，魏忠贤要借这"史"杀人，众宵小要借这"史"攀爬；有此"二借"，还谈何公正？

在史书中颠倒黑白，这是魏阉埋下的雷。倪元璐说起此事，相当愤慨："逆党之遗迹一日不灭，则公正之愤千年不释！"这位当时的小知识分子所持的史观，相当进步，他痛斥道："以阉竖之权，役史臣之笔，亘古未闻！"

崇祯原先不想去触动兄长的问题，但看了倪元璐的奏疏，大为折服。当时的阁臣来宗道对这个奏疏有个票拟，说是"所请关系重大，着礼部会同史馆诸臣详议具奏"。这是想把问题"研究研究"，从而搁置下来，还是磨磨蹭蹭的老一套。

崇祯则果断批示："听朕独断行。"他主意已经定了，要推翻《三朝要典》！

这是舆论上的大翻盘，有人马上感觉如丧考妣，怕这个文件一失效，"三案"随即就要翻过来，自己恐怕要受牵连。

经过廷臣之间的激烈辩论，崇祯认为火候到了，便于五月初十下诏，销毁内外所有《三朝要典》成书及书版。并强调，自今而后，朝廷不以此书定臧否，人才不以此书定进退。由此，为大规模清洗阉党扫清了最后障碍。

经过一年多清理与反清理的拉锯战，到崇祯二年（1629）正月，崇祯不再韬晦，决定要"定逆案"，也就是确定一个阉党的正式名单，分类分等级，拟出处理办法。

第三波追究，也是最彻底的一次清理就此开始。

当年正月二十四日，崇祯召集阁臣韩爌、李标、钱龙锡，以及吏部尚书王永光、刑部尚书乔允升、左都御史曹于汴等，讲清了"定逆案"的宗旨、原则和具体标准，特别提出要在数日内确定，不许中书（秘书）参与。指令由阁臣亲自动手，按等级列出名单，再由刑部尚书附上相应的惩治办法。

但是这个临时组成的专班，非常不得力。首先，吏部尚书王永光本人就是个阉党，史载他仇视东林，为人阴鸷——不是个好鸟。

韩爌、钱龙锡等都是端厚谦和之人，不愿树怨。也有史家认为，这几人对残存的阉党势力有所畏惧，所以企图和稀泥。

韩爌是一位稳重老臣，他不愿把事情搞彻底，应是不想在"定逆案"这件事上，对士林摧折过甚。天启四年（1624）的时候，内阁里东林人士被驱逐干净，就剩下韩爌一个正人，他那时都没怕过魏忠贤，此时又怎么可能害怕魏氏余孽？

当年保护东林人士，与今日不愿追究阉党残余，在韩爌这样的人来看，并不矛盾。他有他的一套理论，甚至考虑得更为久远。只不过，后来的事实证明他想得不对。

由于上述原因，第一次报上来的名单仅有约五十人。崇祯很不满意，要阁臣们广泛搜求，一个也不能少，且要给予重处，起码是削籍处分。

韩爌等人没办法，又报了一次，不过还是几十个人。崇祯这次发火了，直接申斥他们办事不称旨，当面责备说，假若只有这五十多人，又怎能掀起那么大的浪？

崇祯见名单上一个内廷阉党也没涉及，便又说："其内臣同恶，亦当入之！"

阁臣立刻表示为难，说外廷不知内廷的事。

崇祯闻言，又发火了："岂皆不知，特畏任怨耳！"——是你们怕招怨吧？

这是另一个问题了。内廷与外廷的关系向来微妙，韩爌他们考虑的是，不能因此而与内廷结怨，否则会给以后的内阁带来无穷无尽的麻烦。就算你崇祯帝可能长寿，又能执政多少年？而内廷与外廷的关系，则是需要长期维护的。

这几个人不愿意把清理范围扩大到内廷，倒还不是为了私利。他们考虑的是内阁制度的长远未来，考虑的是士大夫阶层相对于皇权的某种独立性，所以不愿得罪一个可以制衡皇权的力量。

几天后，崇祯又召韩爌等阁臣，打开一个黄皮包袱，里面全是诸臣以前为魏忠贤歌功颂德的"红本"（奏疏）。

崇祯指点着这些奏本说，此皆奸党颂疏，当一一按名列入名单。

韩爌等人知道崇祯这是真的要撒大网了，也只得随他去，但是坚决不担这个责任，一口回绝道，"三尺法"非所习也。

何谓"三尺法"？原来，先秦时代以三尺竹简书写法律，故后世称律法为"三尺法"——皇上，法律方面的事，你还是找司法界去吧。

崇祯也真是服了这帮人了，只好转而责成王永光，让吏部来干。但王永光哪里肯，推辞道，吏部只谙考功法耳，不习刑名。这个，我也干不了！

不久，就有人弹劾王永光，说他过去阴附阉党，现在又阴护持之，他只得退出清理专班。

崇祯气得没了脾气，把刑部尚书乔允升找来，命他根据律法定罪——司法大佬，你总没的推了吧？

如此，又经过草拟第三次、第四次名单。在崇祯的监督下，拾遗补阙，最后定下了二百六十一人，罪分七等。文件名曰《钦定逆案》，于崇祯二年三月十九日，以谕旨形式向全国公布。

据《明史·阉党传》所载，七等定罪的名单是：

一、首逆，凌迟者二人：魏忠贤、客氏。

这两人犯的是谋大逆罪，判决仅为名义，因二人早就死了，并已经"正法"。

二、首逆同谋，论斩者六人：崔呈秀、魏良卿、侯国兴、李永贞、李朝钦、刘若愚。

当逆案公布时，前五人或自杀或已处死。原拟只有五人，后考虑到在这一等里目前一个能杀的也没有，不大好看，因此把刘若愚拿来顶上。可是刘若愚最终也没死成，侥幸被宽恕，后来写了一本阉党实录《酌中志》，相当有名。

三、交结近侍，秋后处决者十九人：刘志选、梁梦环、倪文焕、田吉、刘诏、薛贞、吴淳夫、李夔龙、曹钦程、许志吉、孙如冽、陆万龄、李承祚、田尔耕、许显纯、崔应元、杨寰、孙云鹤、王体乾。

这一等里基本都是核心人物。只有一位级别相当低，就是提议要把魏忠贤与孔子并祀的监生陆万龄。

所谓"交结近侍"，是指阿附魏忠贤。其罪名为谄附拥戴，也就是诸衙官吏与内官交结、泄露机密、夤缘作弊等，皆被论以斩首，秋后处决。其中田尔耕、许显纯二人可谓恶有恶报，被

"请君入瓮"，在狱中遭到酷刑拷打。

四、结交近侍次等，充军者十一人：魏广微、崔应秋、阎鸣泰、霍维华、徐大化、潘汝桢、李鲁生、杨维垣、张讷、郭钦、李之才。

这一类多是廷臣，其首要者皆为陷害六君子的罪魁。

五、交结近侍又次等，论徒三年、输赎为民者一百二十九人：为首者为顾秉谦、冯铨、张瑞图、来宗道、王绍徽、阮大铖等。

这一等里，多是当年为"三案"翻案的人。

六、交结近侍，减等革职闲住者四十四人：除黄立极、施凤来两人为阁臣外，其余皆为太监与客、魏亲属。

七、魏忠贤亲属及内官党附者五十余人，另行处置。

此外还有附逆案及附逆案漏网者若干。

钦定逆案的同时，在崇祯二年（1629）还开始了南北两京的京察，分别剔除了一些阉党分子。

对崇祯钦定的这个逆案，在当时和后世都有不同的看法。不过，大多数人都认为崇祯"除恶务尽"的做法实为远见卓识。当然，对于其中的某些细节，在当时就有一些异议。比方，有人说太过了，也有人说力度还不够；有人说有漏网之鱼，也有人说某人冤枉不应列入。些许误差可能会有，但这都无关紧要了。

历史问题，看大不看小。崇祯这一槌砸下去，阉党案才算尘埃落定。

即便这样，阉党残余在明末及明亡后，仍有死灰复燃的。其中，以阮大铖在南明时期闹得最凶，甚至搞到抗清事小、清算东林党事大的地步，把个小朝廷弄得乌烟瘴气，此乃后话了。

总之，阉党之类的人，谋权有道，贪财有术，但就是长不了。

——四年猖獗，三年横暴，终归是镜花水月！

魏忠贤的最终结局是凄凉自尽，脑袋被砍下来，悬挂在河间府。因为这里是明朝太监的主产地之一，崇祯这么处置，是想以此警示后来者。

魏家在京城和肃宁老家的宅子被抄没或平毁，金银财宝也被送入内库。时人嗤笑道：可笑魏忠贤今日乞恩，明日乞赏，克国剥民，何曾留得一件自己受用？守得一件传与子侄？何曾留得寸土自己养身？留得一间与子侄栖身？

魏忠贤之侄魏良卿，为人还算谨慎，口才也好，才风光了几年就被灭了，还不如当初继续蹲守市场。客氏之子侯国兴，据说简直就是个智障了，与人说着话，打个哈欠就能睡过去。不过看他盗宝时的那种贪婪劲头，似乎并不糊涂，他是进了诏狱后被砍头的。

据说，魏忠贤在阜城自杀后，河间府肃宁老家的村里，凡姓魏的都怕受牵连，逃散一空，几年后才敢回乡，且都改姓了卫。

说起来，要数客氏下场最惨，她不敢自行了断，结果就是既死且辱。原本崇祯只命内廷宫正司先重打一百竹板，再发法司勘问；结果送到刑部监狱时，人早已给打烂了，死去了多时。这个明朝最黑暗时期的始作俑者，亲尝了现世的报应。

客氏死时，其子侯国兴已被关入诏狱，宅子也被封了，家人逃了个干净，没有人敢来收尸。

据说过了四五天，才有个妇人到监前来问客氏的尸首。狱官狱卒都想要钱，就回道："发出去了。"妇人跪下哀求道："我连日访得，尚未发出去。如今她家已没人，她儿子、弟侄都在狱中，我是她老家的人，来代为收殓。"说着，取出两锭银子送与狱官。狱官同意了，但牢头不肯，说道："几年的客巴巴，泼天的富贵，难道只值得这几两？"妇人只得又拿出一二两碎银，众人才道："你到墙外等着。"

少顷，牢洞开了，众人将尸首推出，只见面目、皮肤都已损坏，下半截只剩一团，血肉淋漓。妇人见了，大哭一场，买了几匹棉布，将尸首紧紧缠好，雇人背去了。这个妇女，原是客氏的小叔侯七的侍女秋鸿，侯七不敢出头，就让她来办了这事。

崇祯元年（1628）五月，刑部会审许显纯、崔应元等阉党分子。许显纯以自己是万历孝靖皇后（即泰昌帝生母王氏）的外甥，要求给予减刑。

死难者黄尊素之子、年仅十九岁的黄宗羲，来京为父申冤，当时也在场。他严词痛斥道："显纯与阉构难，忠良尽死其手，当与谋逆同科。夫谋逆则以亲王高煦尚不免诛，况皇后之外亲！"说着，从袖中抽出一柄铁锥，猛刺许显纯道："我看你招与不招！"锥锋至处，血流遍地，吓得许显纯伏地叩头："愿招！愿招！"崔应元也吓得瘫作一团。

在强大的舆论压力下，许、崔二人最终被判死刑。黄宗羲也没饶过崔应元，痛打他一顿后，拔了他的胡须，去祭祀自己先父的亡灵。

李实在受审时辩解说，当年以他名义诬陷黄尊素等人的奏疏，是魏忠贤指使别人冒名在空奏疏上填写的。在审讯前，李实还曾托人给黄宗羲送银三千两，乞求不要再追究他。黄宗羲严词拒贿，并且上疏道:"实当今日,犹能贿赂公行,其所辩岂足信!"

崇祯见疏后下诏,令刑部复审,追究李实的贿赂罪。大堂之上,李实还想狡辩,忽见黄宗羲从袖中抽出利锥,竟吓得连声喊道:"愿招!愿招!"

许显纯等人被斩首之日,黄宗羲偕同被害朝官的子弟在诏狱中门设祭,祭奠先辈忠魂,一时哭声震天。

黄宗羲把众狱卒召集在一起,晓以大义,而后问道:"你等作恶,虽属受人指使,但罪责难卸。只要你等讲出谁是杀害家父的凶手,其余免究!"

众狱卒皆指认道:"是叶咨和颜文仲,亲手用毒药害死黄公的。"二狱卒连忙跪倒在地,大喊:"饶命!"黄宗羲大喝一声:"恶贼!岂可饶你!"抽出利锥猛刺,把两个狱卒刺死于狱中,以祭奠英灵。

众子弟祭灵的哭声,声撼屋宇,竟然传入了宫内,连崇祯也叹息道:"忠臣孤子,甚恻朕怀!"

这正是:逆贼授首,忠正洗冤。

凡当道豺虎不可一世之时,都不要以为无人能制。权势之上,自有法制;若法不能制,必有人心;若人心不能制,终还有天道!

如今,是天道转回来的时候了。袁化中之子袁勋,于崇祯元年(1628)二月最先上疏,开烈士子弟诉冤之先河。继而,时为浙江诸生的黄宗羲上疏,字字血泪,历述冤者惨状,将迫害黑幕向世人揭开。

紧接着,户科给事中瞿式耜上疏,为杨涟、魏大中、周顺昌鸣冤,其文堪称古今第一正义檄文,字字作金石声!

248

十月，魏大中之子魏学濂，上血书为父鸣冤。几天后，杨涟之子杨之易，亦上血书。十二月，周顺昌之子周茂兰又上血书。

这种浪潮，连崇祯也觉得招架不住了，连忙下诏制止，说血书原非奏疏格式，不要再上了。不过，他倒是认真读过每一篇，颇有触动，曾撰文将周顺昌比作屈原、岳飞。在皇权时代，这可说是对忠直之臣最高的评价了。

此时的大明朝，妖孽遁形，乾坤从此一新。

这是少年对老朽的清算，这是正义对黑暗的声讨。在晚明数十年中，正直的人难得扬眉吐气，但只要有这样一回，就可证明——大道不灭，天理永存。

崇祯元年（1628）九月，有诏下，为已故诸君子追赠荣衔、官职和谥号，备极荣耀，谥号里大都有一个"忠"字。

——这就是万古的伦常。

孔子曰："见贤思齐焉，见不贤而内自省也。"他的话，是对我们永久的鞭策。

管他物换星移，管他潮流浩荡，总有一种东西是蔑视不得、抛弃不得，要永远敬畏的，那就是做人的最高准则：礼、义、廉、耻。

河之汤汤，海之渺渺，历史之莽莽苍苍，都掩不住、淘不尽人性之光！从善者，永向善之光明疾行；为恶者，永向恶之深渊沉沦。

行路者，可三思。

图书在版编目（CIP）数据

世间再无张居正.4,九千岁梦灭/清秋子著. --郑州：
河南文艺出版社,2022.10
ISBN 978-7-5559-1405-1

Ⅰ.①世… Ⅱ.①清… Ⅲ.①中国历史-明代-通俗读
物 Ⅳ.①K248.09

中国版本图书馆 CIP 数据核字（2022）第 165462 号

选题策划　　崔晓旭
责任编辑　　崔晓旭　张　丽
书籍设计　　吴　月
责任校对　　梁　晓

出版发行	河南文艺出版社	印　张	8
社　　址	郑州市郑东新区祥盛街 27 号 C 座 5 楼	字　数	176 000
承印单位	河南瑞之光印刷股份有限公司	版　次	2022 年 10 月第 1 版
经销单位	新华书店	印　次	2022 年 10 月第 1 次印刷
纸张规格	890 毫米×1240 毫米　1/32	定　价	39.80 元

印厂地址　河南省武陟县产业集聚区东区（詹店镇）泰安路
邮政编码　454950　　电话　0371-63956290